Zu diesem Buch

In Zeiten von Homo-Ehe, lesbischem Chic und bisexuellen Popstars scheint es gar nichts Besonderes mehr zu sein, wenn eine Frau lesbisch ist. Außer für sie selbst! Schon das Coming-out ist für jede eine große Sensation. Und das lesbische Leben danach erst recht!

Lesbischsein ist kein Schicksal, sondern etwas, das aktiv gestaltet werden muss. Deshalb will dieses Buch dabei helfen, sich lesbische Liebe lustvoll und leidenschaftlich zu nehmen und das Leben damit so angenehm wie möglich zu gestalten. Von Anregungen zum geglückten Coming-out bis zur gelungenen Trennung von der mühsam gefundenen Partnerin, von Überlegungen zu den politischen Dimensionen des lesbischen Lebens bis hin zu Anmerkungen über Lust und Sex zwischen Frauen finden sich hier Einblicke und Ausblicke in alle lesbischen Lebenslagen.

Die Autorin

Manuela Kay, Jahrgang 1964, geboren und aufgewachsen in Berlin, lebt seit vielen Jahren überzeugt in Berlin-Kreuzberg. Coming-out mit 15, erste «richtige» Freundin mit 18.
Freie Journalistin mit Schwerpunkt «queere» Kultur und Sexualität, Mitautorin und Produzentin diverser Videofilme zum Thema lesbische Sexualität, Safer Sex und Porno. Außerdem Mitarbeiterin der Internationalen Filmfestspiele Berlin, insbesondere beim schwul-lesbischen Filmpreis «TEDDY».
Seit 1996 Redakteurin des Berliner schwul-lesbischen Stadtmagazins «SIEGESSÄULE».

Manuela Kay

Diese Liebe
nehm ich mir

Der Lesben-Ratgeber

Rowohlt Taschenbuch Verlag

Originalausgabe

Veröffentlicht im Rowohlt Taschenbuch Verlag GmbH,

Reinbek bei Hamburg, Oktober 2001

Copyright © 2001 by Rowohlt Taschenbuch Verlag GmbH,

Reinbek bei Hamburg

Umschlaggestaltung: any.way, Barbara Hanke / Cordula Schmidt

(Foto: Bavaria Bildagentur)

Lektorat Jürgen Volbeding

Satz: Joanna und DeadHistory (PostScript)

Quark XPress 4.11

Gesamtherstellung Clausen & Bosse, Leck

Printed in Germany

ISBN 3 499 61180 5

Die Schreibweise entspricht den Regeln
der neuen Rechtschreibung.

Inhalt

Vorwort

Nehmt euch diese Liebe!

Es könnte ein genetischer Zufall sein, dass du eine Lesbe bist. Es könnte die Folge sozialer Umstände sein. Es könnte sein, dass du gar nicht lesbisch bist. Vielleicht bisexuell? Hetero? Du weißt es nicht? Es könnte auch egal sein, was du bist. Vielleicht liest du dieses Buch nur, um deine beste Freundin zu verstehen, die lesbisch ist. Oder deine lesbische Tochter. Allerdings solltest du dich für lesbisches Leben und die lesbische Liebe interessieren.

Nicht alles in diesem Buch ist so ernst gemeint, wie es klingt. «Die Lesbe an sich» gibt es nämlich gar nicht. Jede könnte eine sein, jede könnte noch eine werden. Egal welche Frisur oder Schuhe sie trägt, egal wie alt sie ist, wo sie herkommt und wie sie vorher gelebt hat. Wann immer eine Frau das Gefühl hat, lesbisch zu sein, könnte dieses Buch helfen, ein bisschen besser zu verstehen, was das eigentlich heißt. Und für alle Frauen, die längst wissen, dass sie «auf Frauen stehen», gibt es hier vielleicht noch einige Sichtweisen lesbischen Lebens, die so noch gar nicht bedacht wurden.

Die «Botschaft» des Buches ist zugleich sein Titel «Diese Liebe nehm ich mir». Doch da ein Buch eben nicht nur aus einer Zeile bestehen kann, ist auf den folgenden Seiten aufgeführt, was damit eigentlich gemeint ist.

Lesbischsein ist kein Schicksal und nichts, was einen einfach so überkommt, sondern durchaus eine aktive Lebenseinstellung. Dass man als Frau auf andere Frauen abfährt, passiert meist einfach so. Doch von diesem Zeitpunkt an muss jede Frau den Weg zu ihrer Liebe, zu ihrer Leidenschaft und die Umsetzung dieser Lust auf Frauen selbst gestalten.

Deshalb musst du dir deine lesbische Liebe schon selbst nehmen und nicht auf bessere Zeiten warten. Höchstens auf Zeiten, in denen Bücher gemacht werden, die den Weg zum schöneren lesbischen Lieben vielleicht ein wenig erleichtern.

Je mehr Dinge du entdeckst, die in diesem Buch fehlen, desto besser: Denn dann bist du auf dem richtigen Weg, dein ganz individuelles lesbisches Leben zu gestalten, so wie es in keinem Buch je beschrieben werden kann.

Ich wünsche allen Leserinnen dieses Buches, dass ihr es schafft, euch die Liebe, die ihr wollt und anstrebt, auch zu nehmen.

Manuela Kay, Juli 2001

1: Die Lesbe, das unbekannte Wesen?

Woran erkenne ich eine Lesbe?

An den Schuhen! Oder auch am Haarschnitt! Oft an den Händen. Manchmal auch an der Brille. Sie verrät sich mitunter auch durch ihren Rucksack. Im besten Falle daran, wie begehrlich sie mich anschaut. Immer aber erkenne ich sie an den Schuhen!

Was für lesbische Schuhe tragen Lesben denn? Und gibt es tatsächlich lesbische Brillen und lesbische Rucksäcke? Und wie sieht er denn aus, dieser «Lesben-Einheitshaarschnitt»? Dies zu erklären ist alles andere als einfach. Man könnte sagen: «Mit der Zeit bekommt man einfach einen Blick dafür.» Andere sprechen auch gerne vom «Gaydar», dem schwullesbischen Radar, der Antenne, mit der man automatisch andere «Familienangehörige» ausmachen kann. Sind es Schwingungen? Oder gibt es tatsächlich ein universales Outfit? Früher habe ich Lesben immer an der Augenpartie erkannt. Zumindest habe ich mir eingebildet, dort etwas bestimmtes Unbestimmtes zu sehen. Komischerweise habe ich mich selten getäuscht. Heute erkenne ich, wie gesagt, eine Lesbe bereits von hinten, an den Schuhen. Nein, nicht alle Lesben tragen derbe Motorradstiefel oder Doc Martin's – wobei dies ein sicherer Hinweis wäre. Es ist eher die Art, wie die Schuhe im Zusammenspiel mit Hose, Socken und der Art zu gehen zusammenwirken. Der «Auftritt» im wahrsten Sinne des

Wortes. Sicher tragen viele Lesben schlicht Männerschuhe, was die Sache stark vereinfacht. Und Lesben in High Heels machen die Unterscheidung schwieriger, doch auch hier kann man feine Unterschiede erkennen. Lesben gehen sicherer durchs Leben, sie treten fester auf, sitzen öfter breitbeinig (schon aus Prinzip, nicht zwingend aus Selbstsicherheit) als mit übereinander geschlagenen Beinen und bringen ihre Schuhe durch ihre Körperhaltung oft stärker zur Geltung. Sie haben grundsätzlich eine andere Fußhaltung, sowohl im Sitzen wie auch im Stehen: bequemer, schneller-auf-dem-Sprung und irgendwie trittbereit (Girls who kick ass!). Der Schuh muss zu dieser Attitüde passen. Am besten, man schaut einmal (nicht zu auffällig) von oben nach unten an der Frau entlang und merkt sich das Gefühl, das man hat, wenn man an den Schuhen angekommen ist. Nach einiger Übung bleibt entweder ein «lesbisches» Gefühl oder eben nicht!

Im Grunde kann niemand genau sagen, woran sich Schwule und Lesben untereinander erkennen. Lesben sehen aus wie andere Frauen auch – nur eben lesbischer. Genau wie man sagen kann, dass jemand selbstsicher aussieht, verklemmt daherkommt, aggressiv wirkt oder schlecht gelaunt scheint. Mit dem gleichen – zugegeben etwas diffusen – Gefühl kann man bestimmen, ob jemand homo oder hetero ist. Dies werden alle Homosexuellen bestätigen!

Ein alter Ausdruck für Schwul- oder Lesbischsein ist übrigens «den anderen Blick» haben, was das «Erkennen» vielleicht am besten beschreibt. Mitunter handelt es sich ja auch um eine gewissermaßen lebensnotwendige Gabe, um seinesgleichen ausfindig zu machen. Schließlich möchte keine die «falsche» Frau anflirten (natürlich ist es auch völlig legitim, sich überhaupt keine Gedanken darüber zu machen und einfach mit der Frau zu flirten, die man attraktiv findet, und den Rest auf sich zukommen zu lassen). Der «andere Blick» kann aber auch dabei helfen, andere Mitlesben wahrzunehmen, um sich nicht wieder einmal als «die einzige Lesbe auf der ganzen weiten Welt» fühlen zu müssen. Oder man sucht schlicht Verbündete wie eine vertrauenswürdige Arbeitskollegin oder den netten schwulen Arbeitskollegen, in einer Umgebung, in der man als vermeintlich einzige Lesbe Angst hat unterzugehen.

Die Kennerin begreift übrigens oft sogar, dass sie ein lesbisches Gegenüber hat, noch bevor die Betroffene selbst von ihrem Glück weiß! Dieses «Prä-Coming-out-Wissen» hat schon vielen geholfen, die ein oder andere aktiv in ihrem Bestreben, das Ufer zu wechseln, zu unterstützen. Auch wenn dies anmaßend klingt, so werden auch hier Eingeweihte bestätigen, dass sich die äußeren Anzeichen einem selbst oft erst als Letzte offenbaren. Schließlich ist es keine Ausnahme, wenn beim Coming-out gegenüber Freunden oder Kollegen gesagt wird «Das haben wir doch schon längst geahnt!».

Übrigens: Ist man in der Lage, Lesben an den Schuhen zu erkennen, so weiß man mit Sicherheit eines: nämlich selber eine Lesbe zu sein. Denn wer sonst versucht schon verzweifelt, Lesben an den Schuhen zu erkennen!

Was ist eigentlich eine Lesbe?

Eine Lesbe ist eine Frau, die mit anderen Frauen ins Bett geht! Sicher, aber es gibt auch hetero- und bisexuelle Frauen, die dies tun. Eine Lesbe ist eine Frau, die andere Frauen liebt. Aber Mütter lieben ihre Töchter – im besten Fall zumindest – auch. Eine Lesbe ist eine Frau, die mit einer anderen zusammenlebt wie in einer Ehe. Und was ist mit einer gut funktionierenden Wohngemeinschaft zweier Heterofrauen? Was macht also eine Lesbe aus? Eine Lesbe ist eine Frau, die von sich sagt, sie ist lesbisch. So einfach ist das. Und doch so kompliziert.

Natürlich gibt es gewisse Standardwerte, nach denen gesellschaftlich festgelegt wird, wer als hetero- und wer als homosexuell gilt, egal was die Leute selbst von sich behaupten. Schließlich gibt es auch genug so genannte «Klemmlesben» oder «Schranklesben», ebensolche, die nicht zu ihrem Lesbischsein stehen. Aber wenn doch nur gilt, wie eine sich selbst einschätzt? Wie gesagt, sehr kompliziert. Im Allgemeinen sollte man tatsächlich davon ausgehen, dass Menschen sich am besten selbst einschätzen können, und ihnen somit auch die Wahl lassen, wie sie ihre sexuelle Orientierung einstufen. Mit Lesbischsein verbindet sich mehr als nur der Sex unter Frauen. Eine innere Einstellung gewissermaßen.

Eine Lesbe steht also auf Frauen – sexuell und emotional. Lesben verlieben sich in andere Frauen und begehren andere Frauen. Und das grundsätzlich, nicht nur mal als eine Ausnahme. Genauso wie eine Frau durch Sex mit anderen Frauen nicht zwangsläufig sofort als Lesbe gilt, ist es umgekehrt auch so, dass manche Lesben ab und zu auch mit Männern ins Bett gehen, ohne dadurch «unlesbischer» zu werden. Wichtig ist jeweils das Selbstbild, nicht die Anzahl der männlichen Partner oder weiblichen Partnerinnen. Je nach Zeitpunkt des Coming-outs haben viele bereits ein mehr oder weniger langes heterosexuelles Leben hinter sich. Und es ist individuell verschieden, ob sie meinen, sie wären tatsächlich heterosexuell gewesen und sind nun homosexuell geworden oder sie waren im Grunde immer schon lesbisch und wussten oder konnten nicht ausagieren, was wirklich in ihnen steckte. So manche «Spätberufene» hat vielleicht nur wenige weibliche Partnerinnen, im Gegensatz zu vielen männlichen Partnern in früheren Zeiten.

Nicht Quantität, sondern Qualität zählt bekanntlich!

Es gilt also nicht, was man tut, sondern vielmehr, was man fühlt. Lesbischsein hat für die meisten Lesben mit Identität zu tun. Auch wenn dies im Zeitalter der Auflösung festgelegter Geschlechter immer schwieriger wird, so definieren sich die meisten Lesben doch durch ihren Wunsch, mit Frauen zu leben, sexuell, in Beziehungen, als Lebenspartnerinnen und als wichtigste Bezugspersonen. Was natürlich nicht heißt, dass andere Geschlechter nicht auch eine wichtige Rolle im Leben von Lesben spielen kann. Schwierig wird es mit der Definition natürlich dort, wo transidentische Menschen die Zuordnung zu einem gesellschaftlich oder auch biologisch festgelegten Geschlecht schwierig machen oder auch schlicht verweigern und durchbrechen. Diese Entwicklung könnte langfristig zur Aufhebung der Kategorien homo- oder heterosexuell führen beziehungsweise diese überflüssig machen. Doch während in den Homo-Metropolen wie San Francisco, New York oder London Lesbischsein bereits in manchen Kreisen als Schnee von gestern gilt und man sich pansexuell und geschlechtsunentschlossen gibt, werden in Teilen Afrikas oder Arabiens Lesben und Schwule des Landes verwiesen, inhaftiert oder gesteinigt. In solchen Gegenden der Welt ist man nicht mal ansatzweise so weit, selbst die konservativste Ausprägung von lesbischem oder schwulem Leben zu tolerieren.

Homosexualität als Lebenskonzept oder auch nur als sexuelle Ausprägung ist natürlich sowieso in ihrem gesellschaftlichen Zusammenhang zu sehen. Der Blick auf Homosexualität in moslemischen Ländern beispielsweise ist natürlich ein anderer als in christlichen, in katholischen Gegenden anders als in protestantischen, in ländlichen Gebieten anders als in urbanen und in Asien anders als in Lateinamerika. Um die Sache für uns zu vereinfachen, soll hier die westeuropäische kulturelle Prägung mit dem Blick aus deutscher Sicht zugrunde liegen.

Was sind Lesben nicht?

Lesben definieren sich nicht als Frauen, die nicht auf Männer stehen oder sie sogar hassen. Nur weil man etwas nicht bevorzugt, sagt dies noch lange nichts darüber aus, was man eigentlich will. Diese veraltete Ansicht kommt eher aus der Ecke «Lesben hätten keinen abgekriegt». Trotzdem gibt es diese dummen Klischees nach wie vor.

Beliebt ist auch die Aussage, dass Lesben «Mannweiber» sind, also solche, die lieber Männer wären und deshalb eben in die Rolle von Männern schlüpfen. Überflüssig zu sagen, dass in diesem Fall ja auch die Partnerinnen auf Männer stehen müssten, sonst würde das Spiel nicht funktionieren. Das Ausleben einer gewünschten männlichen Identität kommt natürlich mitunter vor, beispielsweise bei transidentischen Frau-zu-Mann-Personen, die sich selber dann aber selten noch als Lesben begreifen. Darüber hinaus leuchtet es wohl allen ein, dass auch heute noch viele Frauen den Wunsch hegen, in dieser Gesellschaft doch lieber ein Mann zu sein. In dem Moment, in dem Frauen sich mit männlichen Attributen umgeben, wie einflussreichen und gut bezahlten Jobs, großen Autos, Motorrädern, vielen Geliebten oder anderen Dingen, die Männern mitunter Spaß machen, gelten sie als «männlich». Dabei wollen sie das Leben vielleicht nur auf ähnliche Art genießen wie ihre männlichen Mitmenschen.

Angeboren oder angelernt?

Es gibt verschiedene Theorien darüber, ob Homosexualität, egal ob männliche oder weibliche, angeboren ist oder sozial erlernt. Während die einen meinen, es handle sich um einen genetisch bedingten Zustand – manche behaupten sogar, mit Chance auf Vererbung –, sind andere fest davon überzeugt, es mit einer sozialen Ausprägung zu tun zu haben. Beide Theorien haben ihr Für und Wider, sind aber auch gefährlich.

Homophobe Gegner und Gegnerinnen von Lesben und Schwulen, wie beispielsweise die christliche Rechte in den USA, unterhalten «Umerziehungslager», in denen Schwule und Lesben auf den «rechten Weg» gebracht werden sollen. Mittels moralischer Gehirnwäsche werden einige tatsächlich – zumindest für einige Zeit – von der «Sünde» befreit. Auch andere religiöse Fanatiker sehen in der Homosexualität eine «Verfehlung», die allein auf dem Glauben an irgendeinen falschen Gott beruht. Zu Zeiten des Kalten Kriegs wurde von kommunistischer Seite auch behauptet, es handle sich um klassische westliche Dekadenz, die gute Arbeiter und Bauern niemals in Versuchung führen könnte! Hier irrten die homophoben Staatsväter, wie wir wissen! Und in Teilen Afrikas wird auch heute noch behauptet, dass Homosexualität etwas «Unafrikanisches» sei.

Viele Psychologen und Psychoanalytiker haben versucht, Störungen in der Kindheit nachzuweisen und Lesbischsein mit fehlgeleiteter Fixierung auf die Mutter zu erklären. Oder man versuchte, gewisse traumatische Erlebnisse in der Kindheit und Jugend als Grund für die Homosexualität zu sehen. Die Psychologie hat Homosexualität vielfach als psychischen Defekt angesehen, der natürlich therapierbar sein sollte. Auch damit wurde die Möglichkeit der Ausmerzung gesehen und zeitweise sogar propagiert. Früher wurden Schwule und Lesben mit Elektroschocks behandelt und beispielsweise in der Sowjetunion noch bis in die 70er-Jahre in Nervenkliniken zwangseingewiesen.

Steht man also auf dem «biologischen» Standpunkt, könnte man sich zumindest dieser Phantasien erwehren und sagen «I am what I am!», und das lässt sich eben nicht ändern. Andererseits gibt es aber auch jede Menge verrückte Wissenschaftler, die immer noch auf der verzweifelten Suche nach dem «Homo-Gen» sind und hoffen, dieses bei Erfolg dann «ausmerzen» zu können. Erinnern wir uns an den berühmten DDR-Wissenschaftler Dörner, der als «Ratten-Dörner» in die Geschichte einging und bis kurz vor Mauerfall noch versuchte, Homosexualität bei seinen schwulen Versuchsratten zu beseitigen. In Zeiten von Genmanipulation kann man da schon Angst bekommen, stellt man sich totalitäre Staaten und ihre mögliche Menschenzucht vor.

Für das persönliche lesbische Dasein ist es jedoch völlig irrelevant, wodurch es zur homosexuellen Ausprägung kam. Wichtig ist allein, dass man es selbst nicht als Defekt ansieht und nicht den Wunsch verspürt, sich dessen zu erwehren. Wie bei allen Befindlichkeiten und Beschaffenheiten muss man wohl oder übel damit klarkommen. Welche Art Lesbe man nun ist, ob Butch oder Femme oder nichts davon, welche Lebensform man wählt, ob man ganz out lebt oder eher dezent, all das ist eine Frage von Geschmack und Bedürfnis. Verspürt eine Frau den Drang, herauszufinden, ob sie vielleicht lesbisch ist, oder als Lesbe zu leben, so sollte sie dies einfach und möglichst unbeirrt tun.

Woran erkenne ich, dass ich eine Lesbe bin?

- Ich träume davon, dass meine Sportlehrerin mich küsst.
- Ich bemerke die eng sitzenden Hosen meiner Kollegin.
- Ich werde im Bus von einer attraktiven Frau angerempelt und rege mich nicht darüber auf.
- Ich sehe mir den gleichen Film mit Jodie Foster schon zum vierten Mal an, obwohl ich ihn beim ersten Mal schon schlecht fand.
- Ich finde Damentennis plötzlich interessant und schaue mir stundenlang die Übertragungen an, ohne auch nur die Regeln zu kennen.
- Ich kaufe mir endlich eine eigene Schlagbohrmaschine – und wo ich schon dabei bin, eine Stichsäge gleich dazu.
- Ich finde, dass Claudia Schiffer mit kurzen Haaren viel besser aussehen würde.
- Ich habe Sexphantasien von Ulrike Folkerts.
- Ich schwärme für Bruce Willis, Elvis und Fußball.
- Ich bin verzückt, wenn ich eine Frau am Steuer eines Lastwagens sehe.
- Ich trage mit Vorliebe klobige Schuhe – auch zu Kleidern.
- Ich träume, mein Haus brennt und eine Feuerwehrfrau rettet mich aus den Flammen.
- Ich hasse Nähen, Sticken, Stricken und werfe die Sachen lieber weg, wenn sie kaputtgehen.
- Wenn ich mit meinen Kolleginnen zum Italiener gehe, bekommen alle einen Amaretto ausgegeben, nur ich einen Grappa – und die Rechnung!

- Ich errege großes Aufsehen in Damentoiletten und werde regelmäßig zum Männerklo geschickt.
- Ich kaufe erotische Dessous ein und werde von der Verkäuferin gefragt, ob sie für eine Freundin sein sollen.

Es war ein Mädchen — und es war wunderschön mit ihr!

Jule ist kurz vor ihrem Abitur. Sie hofft auf einen Studienplatz in einer großen Stadt, weil sie die Provinz nicht mehr aushält. Immer fühlt sie sich weiter als ihre Mitschüler, die ihr alle irgendwie zutiefst provinziell vorkommen. Außer Jessica natürlich. Jess, wie sie von allen genannt wird, ist anders. Mit ihr kann sie über alles reden, und Jess träumt genau wie Jule von einem aufregenden Studentenleben in Berlin oder in Köln. Am liebsten würden sie ja zusammen weggehen, doch ob das klappt, ist fraglich. Wichtiger ist auf jeden Fall, aus dem ollen Zweitausendseelenkaff rauszukommen. Weg von den spießigen Eltern, von den spätpubertären Klassenkameraden und hinein in die große, aufregende Stadt mit Nachtleben, Discos und abenteuerlichen ausgeflippten Gestalten. Jess muss sich dann zwar von ihrem Freund Olaf trennen, mit dem sie schon seit vier Monaten zusammen ist und der in die Parallelklasse geht, doch der ist eigentlich sowieso nicht der Bringer. Auf Partys geht sie sowieso lieber mit Jule. Die findet Olaf doof, wie eigentlich alle Jungs. Also gehen Jule und Jess an einem Wochenende mal wieder zusammen in die «Dorfdisco».

Es wird später als sonst, weil ein etwas älterer Nachbar von Jess auch da ist, der anbietet, die beiden dann im Auto mitzunehmen. Sie trinken mehr als sonst und tanzen ausgelassen wie lange nicht. Begeistert sieht Jule zu, wie Jess sich in ihrer geschmeidigen Art auf der Tanzfläche bewegt. Sie gesellt sich zu ihr, und gemeinsam legen die beiden einen Tanz aufs Parkett, der die Umstehenden staunen lässt, wie zwei Frauen miteinander so im Einklang und zudem so erotisch tanzen können. Jule und Jess schweben wie im Himmel, ein Lied nach dem anderen tanzen sie zusammen, und zwischendurch fließt reichlich Bier. Weit nach Mitternacht setzt der Nachbar die beiden bei Jess zu Hause ab. Wie so oft an Wochenenden sind die Eltern zu einem Kurztrip unterwegs, und die beiden Mädchen übernachten in Jess' Zimmer. Noch ganz überdreht und aufgeheizt liegen sie schließlich im schmalen Bett von Jess. Jule legt den Arm um die Freundin, und plötzlich überkommt es sie, und sie küsst die andere lang und innig, und fast selbstverständlich wird ihr Kuss erwidert. Wie von einem Strudel fühlen sich die beiden mitgerissen, und es bleibt nicht bei diesen Küssen. Mutig erforschen sie gegenseitig ihre Körper mit Händen und Zungen. Stundenlang wälzen sie sich leidenschaftlich miteinander und schlafen schließlich erschöpft ein. Am nächsten Morgen, als Jule aufwacht, ist Jess bereits in der Küche. Beim ersten Kaffee hocken beide verkatert und übernächtigt am Tisch, es herrscht betretenes Schweigen. Keine traut sich das Eis zu brechen. Irgendwann geht Jule zum Bus, ohne auch nur ein klärendes Wort gesprochen zu haben. Am nächsten Tag hat Jule eine so dicke Erkältung, dass sie zu Hause bleibt, und auch die nächsten Tage geht sie nicht zur Schule. Sie liegt mit Fieber im Bett, und immer wieder muss sie an die Nacht mit Jess denken. Sie versucht sich einzureden, dass der Alkohol schuld war, dass beide nicht wussten, was sie taten, und noch im Eifer des Tanzens einfach in totaler Euphorie waren und das alles nichts zu heißen hat. Doch ganz tief in ihr drin weiß sie, dass es da noch andere Gefühle gibt. Immer schon hat ihr Jess auf eine ganz besondere Art gefallen, und im Gegensatz zu den Jungs in der Schule findet sie an Jess alles cool, was sie an denen blöd findet. Aber sie will doch keine Lesbe sein! Und Jess ist sicher auch keine. Nach quälenden Tagen, die Jule mit Fieber und wirren Träumen im Bett verbringt, ruft Jess endlich an und erklärt ihr, dass sie die Nacht gerne vergessen möchte und dass sie auch nicht weiß, wie das passieren konnte, und sicher war der Alkohol schuld. Jule ist verständnisvoll und gibt Jess in allen Punkten Recht. Nachdem sie aufgelegt hat, legt Jule sich zurück ins Bett und heult sich in den Schlaf. Sie ist todunglücklich, und in den nächsten Tagen wird die Erkältung auch nicht besser – Jule will auf keinen Fall in die Schule gehen und Jess begegnen. Andererseits kann sie schließlich nicht wochenlang zu Hause bleiben, schon gar nicht so kurz vor dem Abi. Sie entschließt sich, zu Jess zu gehen und sich ihren Kummer von der Seele zu reden. Wobei sie eigentlich gar nicht weiß, was sie ihr genau sagen will. Immer wieder kommen ihr die Bilder von Jess, die tanzt, Jess, die auf ihr liegt, und Jess, die unter ihr liegt und aufstöhnt, in den Sinn. Obwohl sie weiß, dass es vielleicht besser wäre, Jess noch eine Weile nicht zu sehen, geht sie eines Nachmittags spontan bei der Freundin vorbei. Als diese ihr die Tür öffnet, fallen ihr fast die Augen aus dem Kopf, und sie wird knallrot. Jule merkt, dass allein beim Anblick von Jess ihr ganzer Körper anfängt zu schwitzen und zu zittern. Sie sitzen unbeholfen in Jess' Zimmer und reden über belangloses Zeug. Jule weiß, dass sie eigentlich irgendwelche Erklärungen abgeben sollte, stattdessen greift sie nach Jess' Hand, traut sich sogar, sie in den Arm zu nehmen. Noch ehe beide begreifen, was geschieht, liegen sie eng umschlungen auf dem Bett, küssen sich und ziehen sich gegenseitig die T-Shirts aus. Noch mutiger als beim letzten Mal lassen sie jetzt wirklich kein Körperteil aus und haben tatsächlich leidenschaftlichen, wenn auch vorsichtigen Sex miteinander. Als sie erschöpft auf dem Bett liegen, sprechen sie darüber, wie es nun weitergehen soll. Beide sind verwirrt und wissen nicht, wie sie «es» nennen sollen oder was das alles zu bedeuten hat. Jule traut sich nicht, Jess zu sagen, dass sie glaubt wirklich verliebt zu sein. Jess traut sich nicht, Jule zu sagen, dass es ihr erstes Mal Sex war, denn zu Olaf hatte sie nie genug Vertrauen, um über ein bisschen Fummeln hinauszugehen. Irgendwann muss Jule nach Hause gehen. Sie verabschieden sich mit einer Umarmung und einem langen Kuss. Am nächsten Tag geht Jule wieder zur Schule – jetzt ist Jess krank. Als Jule bei ihr anruft, hört sie von Jess' Mutter, dass Jess hohes Fieber hat und gerade schläft. Jule ist deprimiert, hatte sie sich doch gerade erholt und gedacht, vielleicht könnte es ja gehen, einfach mit Jess ihre Gefühle auszu-

24

leben. Doch nun macht sie sich Vorwürfe, die Freundin mit ihrer stürmischen Art vielleicht überfordert zu haben.

Wie soll es nun weitergehen?

A: Jule gesteht Jess ihre Verliebtheit. Vielleicht ist Jess ja auch verliebt. Auf jeden Fall haben die beiden regelmäßig Sex und auch ansonsten viel Spaß miteinander. Jess trennt sich von Olaf, weiß aber noch nicht, ob sie nun lesbisch ist oder nicht. Jule sucht sich einen Studienplatz in Köln, dort wird sie auch eine Coming-out-Gruppe besuchen. Ihren Eltern erzählt sie wahrscheinlich erst später von ihrem Coming-out. Ob Jess auch nach Köln kommt, ist unklar. Vielleicht wird sie ja mal mitkommen zu Jules Coming-out-Gruppe. Vielleicht bleiben die beiden ein Paar, vielleicht aber auch nicht. Jule weiß zumindest ab jetzt, dass sie auf Frauen steht, und fühlt sich, wenn auch noch unsicher, zumindest einen großen Schritt weiter. Und irgendwann wird sie sich wieder in eine Frau verlieben, und dann wird sie sich für gar nichts mehr schämen. Jess könnte eine Weile mit Jule zusammenbleiben, denn damit geht es ihr viel besser als mit Olaf. Später wird sie vielleicht sagen, dass sie bisexuell ist. Egal. Auf jeden Fall werden beide ein Leben lang von ihrer ersten Liebe sagen können «Es war ein Mädchen – und es war wunderschön mir ihr!».

B: Während Jule sich schämt für das, was passiert ist, distanziert sich auch Jess zunehmend von ihr. Sie versucht ihre Beziehung zu Olaf zu intensivieren, doch das klappt nicht so recht. Jule ist deprimiert und fragt sich, was sie wohl falsch gemacht hat. Vielleicht wird sie sich einen Freund suchen und dann noch einen und noch einen und sich wundern, warum sie nie so richtig zufrieden ist. Jess wird vielleicht viele feuchte Träume von Jule haben und sich dafür schämen. Beide gehen in verschiedene Städte zum Studieren und hören dann nie wieder voneinander. Vielleicht denken sie aber noch lange an die Zeit kurz vor dem Abi und werden melancholisch und deprimiert, weil sie ihrer ersten Liebe nicht nachgegangen sind. Jule wird vielleicht noch zehn Jahre brauchen, um erneut einen Schritt in Richtung ihres Coming-outs zu wagen. Bis dahin wird sie nie das Gefühl haben, sich richtig auszuleben. Jess wird vielleicht heiraten und sich immer wieder wundern, dass sie erotische Träume von Frauen hat. Vielleicht verliebt sie sich später, wenn sie schon verheiratet ist, in eine Arbeitskollegin. Wird sie ihren Gefühlen dann nachgehen?

Wie würdet ihr entscheiden?

Marianne und Roswitha tun es!

Marianne ist 40. Seit vielen Jahren ist sie Sachbearbeiterin bei der Stadtverwaltung Hannover. Sie lebt in zweiter Ehe mit ihrem Mann und ihrer 15-jährigen Tochter Gabi in einem Reihenhaus am Stadtrand. Ihr Leben verläuft in geregelten Bahnen, nicht aufregend, aber auch nicht langweilig. Ihr Mann Helmut ist Bauzeichner, und sie führen das, was allgemein als harmonische Ehe gilt. Als Roswitha in ihr Leben tritt, ahnt Marianne nicht, welche Umwälzungen ihr noch bevorstehen. Zunächst freundet sie sich mit der netten neuen Kollegin, die aus einer anderen Dienststelle in ihre Abteilung versetzt wurde, an. Roswitha ist ganz anders als andere Frauen, nur weiß Marianne noch nicht so genau, woran das eigentlich liegt. Im Kollegenkreis reagiert man skeptisch auf die burschikose Art der neuen Kollegin. Ihr kräftiger Körperbau bringt ihr den Spitznamen «die Walküre» ein. Marianne findet eigentlich, dass sie auf ihre Art doch recht attraktiv aussieht.

Die beiden Frauen gehen öfter nach der Arbeit zusammen noch Kaffee trinken oder ins Kino. Marianne gefällt es, wie ungezwungen sie mit Roswitha reden kann und wie viel die drei Jahre ältere Frau über Kultur weiß. Neuerdings bringt Roswitha ihr Bücher zur Arbeit mit, die sie dann am Abend liest. Helmut wundert sich über Mariannes plötzliches Interesse an Literatur. Er beschwert sich, dass er an den gemeinsamen Fernsehabenden nun alleine im Wohnzimmer sitzt, während Marianne mit Roswitha unterwegs ist oder sich mit ihren Büchern ins Schlafzimmer zurückzieht. Immer öfter verbringt Marianne auch den Abend bei Roswitha zu Hause, um zusammen zu kochen oder einfach bei einem Glas Wein über Gott und die Welt zu quatschen. Roswitha ist Single und hat eine gemütliche Wohnung mit allerlei Krimskrams von diversen Reisen zusammengesammelt, über die sie immer wieder tolle Geschichten erzählen kann. Auch Mariannes Tochter findet komisch, dass ihre Mutter auf einmal über Kinofilme und Bücher erzählt. Und immer wieder taucht diese neue Kollegin Roswitha in den Erzählungen der Mutter auf. Zu Hause probiert Marianne nun thailändische Gerichte aus, die sie von Roswitha hat. Helmut und Gabi sind mäßig begeistert von den fremden Gaumenfreuden. Mit Roswitha zusammen macht das Kochen mehr Spaß, die lobt Mariannes Kochkünste und überhaupt – sie macht ihr häufiger Komplimente. Mal über eine neue Bluse, mal über ihre Kochkünste oder auch über einen Witz, den sie gemacht hat. Mit Roswitha fühlt sich alles so anders an, sie fühlt sich als ganzer Mensch wahrgenommen und entdeckt ganz neue Seiten an sich, wie das Interesse für Bücher oder auch für Jazzmusik, die Roswitha ihr oft vorspielt.

Als sie eines Tages das von Roswitha geborgte Buch «Quell der Einsamkeit» liest, wird es Marianne ganz heiß und kalt bei der Lektüre. Es geht um eine Frau, die anders ist als alle anderen. Viele Beschreibungen der burschikosen Romanheldin erinnern sie an Roswitha. Im Roman verliebt sich die Heldin in eine andere Frau und muss schmerzlich erleben, dass eine lesbische Liebe in der Gesellschaft zu Beginn des 20. Jahrhunderts zum Scheitern verurteilt ist. Marianne schläft die ganze Nacht nicht, und am nächsten Morgen ist ihr klar: Roswitha ist bestimmt eine Lesbe. An diesem Tag geht Marianne Roswitha im Büro bewusst aus dem Weg. Als diese sie fragt, ob sie nach Feierabend noch in ihr Stammcafé gehen wollen, lehnt Marianne kurz angebunden ab und eilt davon. Doch zu Hause findet sie auch keine Ruhe. Warum nur schockiert sie diese Erkenntnis so? Heutzutage ist es doch nichts Besonderes, homosexuell zu sein. Doch Marianne ist unruhig und schläft wieder nicht. Am nächsten Tag meldet sie sich krank. Mittags klingelt es bei ihr an der Haustür. Helmut ist auf der Arbeit und Gabi in der Schule, wer kommt auf den Gedanken, dass überhaupt jemand zu Hause ist? Marianne hat eine Vorahnung – und richtig! Roswitha steht vor der Tür. Als sie im Wohnzimmer sitzen und Roswitha das erste Mal Mariannes Heim begutachtet, fällt dieser auf, dass Roswitha tatsächlich noch nie bei ihr zu Hause war. Irgendwie ist es ihr auch peinlich, mit der leicht spießigen Wohnzimmereinrichtung, die Helmut so gut gefallen hatte, und der spießigen Reihenhaussiedlung und überhaupt. Doch Roswitha scheint sich weniger für die Einrichtung zu interessieren. Nach einigem Hinundhergedruckse fragt sie schließlich, ob Marianne aufgrund des Buches nun der Gedanke gekommen sei, dass sie eine Lesbe ist, und nun nichts mehr mit ihr zu tun haben will. Marianne fragt vorsichtig, ob das denn stimmt, und Roswitha bejaht trotzig. Marianne ist hochrot und weiß nicht, was sie tun soll. Als Roswitha schließlich wieder gehen will, folgt Marianne einem Impuls und umarmt die Kollegin an der Tür. Es durchfährt sie wie ein Blitz, und es wird ihr heiß und schwindelig. Die Berührung der anderen Frau ist wie eine nie gekannte Kraft: Für einen Moment glaubt sie, Roswitha nie mehr loslassen zu wollen, und es wird ihr ganz schwindelig. Roswitha löst sich schließlich von ihr und geht. Die Wochen nach diesem Ereignis verbringt Marianne zumeist schlaflos, aufgewühlt und nervös. Gleichzeitig macht sich eine merkwürdige Hochstimmung bei ihr breit. Und schließlich muss sie sich eingestehen: Sie ist verliebt! In eine Frau! Was soll sie nur tun? Mit wem kann sie darüber sprechen? Von Roswitha hat sie sich weitgehend zurückgezogen, ab und zu gehen sie nach der Arbeit Kaffee trinken, doch die alte Vertrautheit ist dahin. Bis eines Tages Marianne die Kollegin zum Essen einlädt und ihr schließlich im Restaurant eröffnet, dass sie sich verliebt hat, obwohl sie nie geglaubt hat lesbisch zu sein. Roswitha reagiert überrascht, ungläubig und beinahe fassungslos. Nach zwei Gläsern Wein gesteht sie aber schließlich, dass sie sich von Anfang an in Marianne verguckt hatte, nur nicht wagte, sich an die verheiratete Mutter heranzumachen. Sie kann das Glück gar nicht fassen, dass es nun Marianne ebenso geht wie ihr. Beide fragen sich: Was nun? Während Roswitha mit ihrem Lesbischsein nie groß hinter dem Berg gehalten hat, ist für Marianne alles neu. Was soll sie ihrer Familie sagen? Soll sie sich nun von Helmut trennen? Wie soll sie sich im Kollegenkreis verhalten?

Nun gibt es verschiedene Wege:
A: Marianne bekämpft ihre Gefühle, distanziert sich von Roswitha und bleibt bei ihrer Familie um des lieben Friedens willen, wegen der Tochter, der man doch keine lesbische Mutter zumuten kann, und auch wegen des Geredes der Nachbarn. Sie wird sicher noch lange an Roswitha denken, die sich wohl in eine andere Dienststelle versetzen lassen wird, weil sie die unglückliche Verliebtheit nicht aushalten kann, und mit ihrem Mann wird sie auch nie mehr wirklich glücklich werden. Vielleicht wird sie sich im Alter ärgern, ihren Gefühlen nicht nachgegangen zu sein, und eine alte, verbitterte Frau werden. Abgesehen davon wird auch die Familie nicht glücklich werden, denn auch ihr Ehemann Helmut wird merken, dass mit seiner Frau etwas nicht stimmt. Und auch Roswitha wird

lange Zeit unglücklich sein, wurde sie doch zurückgewiesen, nicht, weil jemand kein Interesse an ihr hatte, sondern schlicht, weil sie das falsche Geschlecht hat und die andere Angst vor dem Anecken hatte und sich lieber in ihr sicheres, aber nicht mehr befriedigendes Leben zurückziehen wollte.

B: Marianne und Roswitha tun es! Sie gehen ihrer Lust aufeinander nach, und Marianne entdeckt nicht nur den Sex mit einer anderen Frau, sie nimmt sich die Liebe, die ihren Gefühlen entspricht. Vielleicht braucht sie noch lange Zeit, um ihren Mann zu verlassen und ihrer Tochter alles zu erklären. Vielleicht nimmt sie die Tochter auch mit. Wahrscheinlich wird sie eine Beratungsstelle aufsuchen, um sich Rat für diesen Umsturz in ihrem Leben zu suchen. Sie wird auch andere Lesben treffen, die ihr das Gefühl geben, richtig gehandelt zu haben. Sie wird sicher einige Zeit brauchen, um das Wort «lesbisch» für sich zu gebrauchen – vielleicht benutzt sie es auch nie, um ihre Gefühle zu Roswitha zu beschreiben. Auch weiß niemand, ob aus Marianne und Roswitha ein glückliches Paar wird, das viele Jahre zusammenbleibt. Vielleicht ist Roswitha nur der Start für Marianne in ein neues Leben. Vielleicht wird sie sich wieder verlieben, wer weiß, ob es dann wieder ein Mann oder diesmal eine Frau sein wird? Doch Marianne wird wissen, dass sie zumindest ihren Gefühlen gefolgt ist, auch wenn sie keine Garantie zum Glücklichsein hat.

Wie würdet ihr entscheiden?

2: Coming-out

Der Unterschied zwischen Homosexuellen und Heterosexuellen

Das Coming-out, das Bewusstwerden der eigenen Homosexualität, ist der große Unterschied zwischen Homo- und Heterosexuellen. Auch wenn viele, gerade junge Lesben und Schwule, meinen, im Grunde gar kein richtiges dramatisches Coming-out gehabt zu haben, weil sie immer schon so waren und fühlten, so gibt es doch im Leben einer jeden Lesbe und eines jeden Schwulen einen Punkt, an dem man sich darüber klar wird, entsprechend veranlagt zu sein. Im Gegensatz dazu machen die wenigsten Heteros jemals eine Entwicklung durch, an deren Ende steht: «Ich bin wohl heterosexuell.» Durch die gesellschaftlich vorgegebene Norm gehen einfach alle Menschen davon aus, heterosexuell zu sein.

Nur die «Abweichler» müssten einen Bewusstwerdungsprozess durchlaufen. Heteros fragen sich nie: «Warum bin ich hetero, was könnte schief gelaufen sein?» Eltern von Heterosexuellen fragen nicht: «Was haben wir nur falsch gemacht?» Heteros müssen ihre Heterosexualität so gut wie nie verstecken oder verleugnen, werden nie gehänselt, diskriminiert oder verfolgt. Heterosexualität hat niemals, in keinem Land der Welt, zu keiner Zeit unter Strafe gestanden. Heteros müssen sich nie erklären, nie offenbaren und auch nichts richtig stellen. Auf die Frage «Hast du einen Freund?» muss keine antworten, «Na ja, eigentlich eher eine Freundin», sondern allenfalls «ja» oder «nein». Heteros müssen sich nie entscheiden, wem und zu welchem günstigen Zeitpunkt sie offenbaren, dass sie so sind, wie sie sind. Sie werden auch nie gefragt, warum sie heterosexuell geworden sind und ob sie schon immer so waren oder glauben, dass dies immer so bleibt. Auch wird ihnen nie unterstellt, sich lediglich in einer vorübergehenden Phase zu befinden. All das ist Schwulen und Lesben vorbehalten und ist elementarer Bestandteil des Coming-outs.

Was haben wir mit begehbaren Kleiderschränken zu tun?

Der Begriff Coming-out kommt aus dem englischen Sprachraum und geht von Wohnungen und Häusern mit großen, begehbaren Kleiderschränken aus, wie sie in den USA oder England durchaus üblich sind. In diesen «closets» verstecken sich bekanntlich, genau wie in den zumeist kleineren Schrankvarianten in Deutschland, gerne Kinder, in schlechten Filmen auch mal in flagranti erwischte Geliebte oder in düsteren Phantasien gar gruselige Monster. Sprichwörtlich sitzt hier also das wahre Ich und versteckt sich vor der Welt. Das Bekennen findet nun durch das Verlassen des Schrankes statt, man tritt in die Welt, «kommt heraus»: «Coming out of the closet.» Im Deutschen gibt es bis heute kein auch nur annähernd so schönes Bild, außer vielleicht «dem stillen Kämmerlein». Deshalb wurde, wie in vielen Bereichen, für diesen Prozess einfach der englische Begriff übernommen.

Da diese Wortschöpfung so überaus griffig daherkommt, wurde sie bereits «heterosexualisiert», und viele Leute sprechen heute, zumeist in Unwissenheit um den Wortursprung, von ihrem Coming-out als Fans der italienischen Küche, klassischer Musik oder als Sammler von exotischen Schlangen.

Gut Ding will Weile haben

Ein Coming-out kann man nicht so einfach aus dem Ärmel schütteln. Vom ersten Aufflackern eines «lesbischen Gefühls», von der ersten zarten Schwärmerei für eine andere Frau bis zum souveränen täglichen Umgang mit dem eigenen Lesbischsein können schon einige Jahre, mitunter gar Jahrzehnte vergehen. Niemand vermag genau zu sagen, wann ein Coming-out eigentlich anfängt und wann es beendet ist. Der Beginn ist in der Regel das erste Gewahrwerden eines ungewöhnlichen, sprich besonders starken und intensiven Interesses an einer anderen Frau. Einer heftigen Schwärmerei für eine Freundin, Kollegin, Lehrerin oder auch für eine Prominente. Das allein muss natürlich nichts heißen – tut es aber oft! Diese Schwärmerei oder Verliebtheit ist häufig vermischt mit erotischen Gefühlen und sexuellen Phantasien, die anfangs noch sehr diffus sein können. Dann beginnt meist ein längerer Prozess von Selbstbeobachtung, Leugnung, Schamgefühl, Neugier, Zweifel, Euphorie und Betrübtsein. Je nachdem, in welcher Umgebung man sich befindet und wie viel man bereits über Lesben weiß. Der Verlauf des Coming-outs und die Dauer hängen auch davon ab, welche Moralvorstellungen man verinnerlicht hat und auch welche Chancen einem von dem möglichen Gegenüber zu einer Erwiderung der Gefühle gegeben werden.

Die langsame, schleichende oder auch plötzliche, überraschende Bewusstwerdung dieser Gefühle, in Verbindung mit dem Konzept «Homosexualität» oder «Lesbischsein», ist der Beginn des persönlichen Coming-outs. Man muss nämlich zwischen diesem persönlichen oder auch inneren Coming-out – von dem die meisten durchaus genau sagen können, wann sie «es» hatten – und dem Coming-out in der Familie oder am Arbeitsplatz unterscheiden. Es gibt also *das* Coming-out – die große Erkenntnis gewissermaßen –, und es gibt viele nachfolgende Coming-outs.

Das persönliche Coming-out

Es kann lange dauern, sich selbst einzugestehen, dass man lesbisch ist. Lebt man in einem Umfeld, von dem man meint, als Lesbe auf Ablehnung zu stoßen, macht dies die Sache umso schwieriger. Ist man noch in der Pubertät, ist man sowieso oft überfordert mit dem sexuellen Erwachen an sich und mit einem lesbischen obendrein. Glaubt man selbst, dass es sich um etwas «Unnatürliches», «Schmutziges» oder «Verbotenes» handelt, kommen in der Regel schwere innere Kämpfe hinzu. Glaubt man, die einzige Lesbe auf der ganzen Welt zu sein, fühlt man sich entartet und einsam. Vielleicht glaubt man, gegen seine Gefühle angehen zu müssen, um ein einigermaßen zufriedenes Leben zu führen.

Manche Frauen gestehen sich ihr Lesbischsein ein ganzes Leben lang nicht ein. Manche erst in hohem Alter.

Zu sich selbst zu stehen sagt sich leicht. Die Lebensumstände einer jeden Frau sind sehr unterschiedlich. Die Schicksale von «Schranklesben» (Frauen, die ihr Coming-out niemals aktiv oder bewusst hatten) zeigen, dass es nur unglücklich macht, nicht nach seinen Bedürfnissen zu leben.

Heute gibt es in jeder größeren Stadt in Deutschland Beratungsangebote für Coming-Outlerinnen jeden Alters. In vielen Bibliotheken steht hilfreiche Fachliteratur, aus der man entnehmen kann, dass sich mittlerweile viele Autorinnen – auch sehr namhafte – mit dem Thema beschäftigt haben. Die wichtige Erfahrung dabei ist, zu erkennen, nicht die einzige Lesbe auf der Welt zu sein.

Es erfüllt jede Junglesbe mit großer Euphorie zu erfahren, wer noch alles «betroffen» war und dass auch Filmschauspielerinnen, Politikerinnen, andere Prominente und Vorbilder und vielleicht sogar die Lieblingssängerin der Eltern lesbisch waren.

Das Internet bietet Möglichkeiten, mit Lesben in aller Welt in Kontakt zu kommen, und bestätigt in schwierigen Stunden das Gefühl, dass es rund um die Welt andere Frauen mit ähnlichen Problemen und Wünschen gibt.

Die Lesbenszene, berüchtigt, gefürchtet und doch überaus hilfreich, bietet Bars, Cafés und Treffpunkte, wo man anonym in die neue Welt «reinschnuppern» kann oder sich auch konkret eine Frau «aufreißen» kann – je nach Bedürfnis und Selbstvertrauen.

Stadtmagazine bieten einen Kontaktanzeigenmarkt, auf

dem mittlerweile auch Schwule und Lesben von Mitbewohnern über Badmintonpartnerinnen bis hin zu Freundinnen fürs Leben einfach alles suchen können.

In jeder Region gibt es schwul-lesbische Magazine, mit Nachrichten aus der «anderen Welt», aber auch Ankündigungen «einschlägiger» Veranstaltungen. Hier erfährt man, wo sich erste Anlaufstellen befinden.

Hat man den Mut zu den eigenen Gefühlen gefunden, gibt es im Grunde kein Zurück mehr. Viele probieren noch ein paar Jahre mit Männern herum, wobei beide Seiten wohl kaum auf ihre Kosten kommen werden und Frustration für beide Partner vorprogrammiert ist. Andere flüchten sich in Isolation und Asexualität. Aber wozu?

Heutzutage ist es in Deutschland wirklich relativ einfach, als Lesbe zu leben. In Berlin natürlich besser als in einem Dorf in Niederbayern. Als bekannte Fernsehjournalistin vielleicht nicht so locker wie für eine «anonyme» Germanistikstudentin. Doch ist einer Frau erst einmal klar, dass sie vielleicht lesbisch sein könnte, gibt es im Grunde nur noch einen für sie gangbaren Weg: nämlich der Sache auf den Grund zu gehen und herauszufinden, wie sie am besten mit ihren Bedürfnissen leben kann.

Immerhin ist sie eine von rund zwei Millionen Lesben in Deutschland, geht man von der allgemein üblichen Schätzung aus, dass fünf Prozent der Bevölkerung homosexuell veranlagt sind. Ein beruhigendes Gefühl: Jede Zwanzigste im Bus, in der Bahn, im Kaufhaus, im Betrieb, in der Uni oder im Stau ist auch eine Lesbe!

Nur Mut also, denn so viele Frauen können nicht irren!

Lesbisch und nun?

Das Coming-out als Lesbe ist nicht zwingend eine Festlegung fürs Leben. Meistens bleiben Frauen zwar dabei, aber man unterschreibt schließlich nirgendwo, dass man sich niemals mehr in einen Mann verlieben wird. Also sollte man leben, wonach einem ist, und sich nicht selbst unter Druck setzen. Dies gilt natürlich auch für die von uns, die meinen bisexuell zu sein. Fast alle Lesben meinen am Anfang ihres Coming-outs bisexuell zu sein, weil sich das nicht so radikal anfühlt und gesellschaftlich auch nicht so verpönt scheint. Die Chance, dass sie tatsächlich bisexuell sind, ist aber genauso groß wie die, dass sie lesbisch sind. Es gibt keine verlässlichen Zahlen über den homo- und den bisexuellen Bevölkerungsanteil. Und das ist gut so. Wenn eine Frau viele Partnerinnen zum «Ausprobieren» braucht und dann immer noch nicht weiß, ob sie tatsächlich lesbisch ist – was soll's? Hat eine hin und wieder Sex mit Männern und dann wieder mit Frauen und kann sich nicht entscheiden – für wen? Traut sich eine nicht, mit einer Frau ins Bett zu gehen, und braucht ewig, um das berüchtigte «L-Wort» lesbisch über die Lippen zu bringen – na und? Wer misst die Zeit oder muss die etikettierte Schublade ab einem bestimmten Punkt zuschieben?

Wichtig sind diese Dinge nur für die Betroffene selbst. Und da kann es schon sein, dass man irgendwann Klarheit haben will und eine Identität aufbauen möchte. Dann muss man sich eben entscheiden! Und meistens trifft man die richtige Entscheidung. Übrigens passiert es sehr viel seltener, dass eine Lesbe nochmal in ihrem Leben ein

«Coming-out» als Hetero erlebt, als dass selbst gestandene Heten ein spätes lesbisches Coming-out erfahren.

Sollte das passieren, kann einer Lesbe – oder vielmehr ehemaligen Lesbe – durchaus soziale Ächtung in Lesbenkreisen drohen. Wie bei vielen Minderheiten wird auch hier nicht gerne gesehen, wenn jemand die «Familie» verlässt. Es kann passieren, dass eine Lesbe, die für einen Mann verlassen wird, genau wie ein Mann, der wegen einer Frau sitzen gelassen wird, mit extremem Unverständnis und schlimmen Dramen reagiert. Lesben fühlen sich natürlich schnell als «Versuchskaninchen» ausgenutzt oder auch wieder einmal dem starken Geschlecht unterlegen, das schließlich in einer Beziehung auch mehr soziale Sicherheit, Akzeptanz und weniger Diskriminierung bietet. In einer solchen Wechselsituation ist eine noch feinere Sensibilität nötig als bei «üblichen» Partnerwechseln.

Auch sollte man damit rechnen, dass die Umwelt, die lesbische wie die heterosexuelle, mitunter nicht so flexibel ist wie man selbst. War allerdings ein «Seitenwechsel» früher noch undenkbar und galt als «Hochverrat», ist die Lesbenszene heute sehr viel toleranter geworden. Am Ende sollte sowieso nur zählen, dass man sich selbst verwirklicht.

Wie sag ich's meiner Mutter?

Der Coming-out-Klassiker sozusagen ist die markerschütternde Frage «Wie sage ich es bloß meiner Mutter?». Meistens gilt die Mutter, sofern sie noch eine Rolle im Leben der Coming-out-Willigen spielt, schon als oberste Instanz, als der Zensor und das höchste Gericht in Moralfragen. Zumeist stellt sich diese Frage eher bei jüngeren als bei älteren Lesben, wo die Eltern noch wichtiger sind und die Bindung an sie eine stärkere ist. Die «Absegnung» durch sie, oder zumindest durch einen Elternteil, ist ungemein wichtig für viele Frauen. Man sollte sich aber sehr gut überlegen, ob die Mutter oder auch der Vater, der oft eine nicht ganz so hohe Instanzfunktion hat wie die Mutter, wirklich die Ersten sein sollten, die «es» erfahren.

Testläufe bei Freunden sind empfehlensert! Die erste Person sollte gut gewählt sein. Gleichaltrige Freunde eignen sich besonders gut.

Wie aber sag ich's der Familie? Zunächst sollte man sich eine Person in der Familie auswählen, bei der man auf das meiste Verständnis hofft. Das kann ein Geschwisterteil sein, ein Cousin, eine Tante oder die Oma. Manchmal natürlich auch die Mutter selbst. Mit dieser ausgewählten Vertrauensperson sollte man ein Gespräch unter vier Augen führen und «es» geradeheraus sagen. Ist diese Person wirklich eine Vertraute, so wird sie in den seltensten Fällen überrascht sein und sich die Sache schon gedacht haben. Oft sind die Leute auch froh über das ihnen entgegengebrachte Vertrauen und fühlen sich endlich frei, Fragen zu stellen und schließlich einmal in aller Offenheit über alles sprechen zu können. Mit dieser familiären Vertrauensperson sollte man dann einen Schlachtplan entwickeln, wie man den Rest oder zumindest die gewünschten Teile der Familie «ins Boot holt». Deshalb ist es sehr förderlich, dass diese Person intime Kenntnisse der familiären Struktur hat. Nun kann man planen, ob man ein Coming-out in diversen Einzelgesprächen haben möchte oder ob man «die Bombe» vor versammelter Mannschaft beim Weihnachtsessen oder im gemeinsamen Urlaub hochgehen lassen will. Alles hat seine Vor- und Nachteile. Bei großen Familienfesten beispielsweise bietet es sich an, eben nur einmal «durch die Hölle» gehen zu müssen und es gleich allen mitgeteilt zu haben. Man kann aber auch ganz gezielt nach und nach erst Mutter, dann Vater, dann Oma einweihen. Je nachdem, wie die Reaktionen sind: mutig voranschreiten oder Pausen einlegen.

Hilfreich ist es vielleicht, kleine Geschenke, z. B. Bücher zum Thema, vorher an die Beteiligten zu verschenken, sodass sie schon mal auf die Fährte geleitet werden. Auf jeden Fall sollte man recherchieren, ob es bereits andere Homosexuelle in der Familie gibt oder gab. «Aber Onkel Soundso war doch auch schwul» oder die treffende Aussage über die alte Schulfreundin der Mutter sind immer gute Argumente gegen mögliche Verständnislosigkeit. Statistisch ist es fast unmöglich, dass ein familiäres Umfeld «homosexuellenfrei» ist. Recherchieren und detektivisch vorgehen! Man könnte auch einen thematisch relevanten Film wie «Kommt Mausi 'raus?!» im Fernsehen abwarten, gemeinsam anschauen oder einen gemeinsamen Kino- oder Theaterbesuch mit einem relevanten Thema organisieren und hinterher geschickt das Thema auf sich selbst lenken.

Auf jeden Fall sollte man vorher einige Antworten parat haben. Häufig gestellte Fragen und Kommentare beim familiären Coming-out, auf die man besser eine Entgegnung vorbereitet haben sollte, sind:

- · Bist du sicher, dass das nicht nur eine Phase ist?
- · Was haben wir nur falsch gemacht?
- · Kommt das davon, dass du immer mit dieser … rumhängst?
- · Vielleicht hast du den Richtigen noch gar nicht kennen gelernt?
- · Willst du denn gar keine Familie, keine Kinder haben?
- · Du willst doch nicht ein Leben lang diskriminiert werden.
- · Damit verbaust du dir alle Chancen, es im Leben zu etwas zu bringen.
- · Sag das aber bloß nicht …, der wird kein Verständnis dafür haben.
- · Wenn das herauskommt, was sollen bloß die Nachbarn denken?

Auch wenn die meisten Eltern und Familien im ersten Moment geschockt sind, so sollte man den Mut auf jeden Fall aufbringen. Es ist nicht nur für einen selbst wichtig, als das akzeptiert zu werden, was man ist, man kann auch freier und unbefangener über sein Leben reden. Kein Versteckspiel, keine Lügen sind mehr nötig, und man fühlt sich selbstverständlich und nach wie vor als Teil der Familie. Immer vorausgesetzt, man wird als Lesbe akzeptiert oder anfangs zumindest toleriert. Zwar kennen wir alle die Horrorstorys von den wegen ihrer Homosexualität verstoßenen Kindern, doch meistens läuft alles gut. Auf die Aussage «Ich bin lesbisch», «Ich habe mich in eine Frau verliebt», «Ich habe gemerkt, dass ich auf Frauen stehe», «Ich bin jetzt mit … zusammen, und es macht

42

mich glücklich» können immerhin auch folgende Aussagen der Familie kommen:

- · Bist du glücklich?
- · Wann stellst du sie uns vor?
- · Seit wann hast du das denn gemerkt?
- · Brauchst du unsere Unterstützung in der Schule?
- · Ich wusste immer, dass du etwas Besonderes bist.
- · Schön, dass du deinen Weg gefunden hast.

Es gibt übrigens auch Gesprächsgruppen, die eigens für Eltern oder Angehörige homosexueller Kinder eingerichtet wurden, die man Eltern oder Geschwistern bei Bedarf empfehlen kann.

Egal, wie es läuft, man sollte die Familie nicht ganz allein mit dieser Neuigkeit lassen. Sollte der erste Schock zu Sprachlosigkeit führen: Einige Wochen später wieder mit dem Thema anfangen. Auch wenn sich Eltern verbitten, darüber zu reden, so hat doch jede Tochter ein Recht darauf, diesen wichtigen Teil ihrer Persönlichkeit nicht nur anerkannt zu bekommen, sondern auch als Teil ihres alltäglichen Lebens genauso erwähnen zu dürfen wie vielleicht heterosexuelle Familienmitglieder. Nur wer sich für sein Lesbischsein schämt, glaubt andere damit zu schonen, wenn das Thema ausgeklammert wird. Es dauert einige Zeit, bis Sätze wie: «Ich war gestern auf einer Lesbenparty mit meiner Freundin» oder «Ich war am Wochenende mit hunderttausend anderen Lesben und Schwulen beim CSD» als «normal» gelten. Natürlich müssen auch die Familien von Lesben eine Art Coming-out durchlaufen. Man sollte sie nicht überfordern und gleich verlangen, dass die Mütter am ersten Tag mit stolzgeschwellter Brust im Kaffeekränzchen verkünden «Unsere Tochter ist lesbisch». Wir sollten unsere Familie begleiten, ihnen andere Lesben vorstellen, sie mit einschlägiger Literatur versorgen, ihnen Fernseh- und Kinofilme zum Thema empfehlen und immer wieder mit ihnen sprechen. Schließlich haben andere Leute mindestens genauso viele Fragen wie wir selbst.

Der Bruch mit der Familie sollte wirklich das allerletzte Mittel nach vielen gescheiterten Gesprächsversuchen sein. Manchmal ist dieser allerdings in der Tat unvermeidlich. Man kann natürlich kaum dazu raten, lieber ein misslungenes Coming-out mit anschließendem Bruch mit der Familie zu haben, statt einfach ein Leben lang den Mund zu halten. Das muss jede für sich selbst wissen.

Nur sollte jede Frau erwägen, ob sie wirklich zu einer Familie gehören möchte, die einen wichtigen Bestandteil ihrer Persönlichkeit total negiert. Wie aufgehoben fühlt sie sich dort, und wie viel ist ihr der vermeintliche Frieden wert?

Ich muss dir da noch was sagen ...!

Oft einfacher als in der Familie ist das Coming-out im Freundeskreis. Schließlich hat man sich diese Leute freiwillig ausgesucht, weil sie auf irgendeine Art zu einem passen. Wer natürlich ausgerechnet mit homophoben Menschen befreundet ist, hat Pech gehabt. Ähnlich wie in der Familie reagieren auch Freunde und Freundinnen manchmal schockiert. Dies gilt es dann genauso «aufzuarbeiten». Vielleicht möchte man die eine oder den anderen ja einfach zur nächsten Homo-Party mitnehmen, um Berührungsängste abzubauen. Oft hatten die Freunde längst einen Verdacht. Man sollte die Umwelt nicht unterschätzen oder für doof halten. Das Coming-out im Freundeskreis ist auch für die Freunde oftmals Erlösung. Während man noch unbeholfen herumdruckst «Du, ich muss dir, glaube ich, endlich mal was gestehen ...», fällt von vielen Freunden die Belastung, immer um den heißen Brei herumzureden, ab. «Endlich können wir darüber sprechen!», «Ich dachte schon, du würdest nie damit rausrücken!» oder «Ich habe doch längst gesehen, dass du in die ... verknallt bist!» sind häufige Reaktionen. Genau wie bei der Familie gilt: Je mehr Leute es wissen, desto freier und unbefangener kann man sich bewegen. Und genau wie in der Familie sollte man sich überlegen, wie eng man sein Leben mit Leuten leben möchte, die von einem so entscheidenden Teil der Existenz einer engen Freundin gar nichts wissen wollen oder ihn nicht tolerieren können. Wozu sind Freunde da, wenn man nicht mit ihnen über Liebesleid und -freud reden kann? Also auch hier nur Mut, es tut nicht weh, und die Freunde, die man durch das «große Geständnis» vielleicht verliert, waren es wahrscheinlich auch nicht wert.

Die «Phase»

Wie bereits erwähnt, muss man sich als Lesbe im Gegensatz zur Hete oft fragen lassen, ob es sich mit dem Lesbischsein nicht lediglich um eine Phase handelt. Junge Mädchen hören von ihren Müttern: «Leg dich doch nicht fest, du hast das ganze Leben doch noch vor dir.» Gestandene Frauen von ihren heterosexuellen Freundinnen: «Du bist jetzt nur enttäuscht und suchst nach einer Ablenkung.» Gerne wird auch das beliebte «Wenn der Richtige kommt, dann wirst du deine Meinung schon wieder ändern!» benutzt, um das Unglaubliche in eine für andere erträgliche Form zu pressen. Nerven bewahren und möglichst souverän bleiben! Gerade am Anfang des Comingouts ist es schwierig, über diesen Sprüchen zu stehen, ist man doch selber meist ein bisschen im Zweifel über seine Gefühle und deshalb leicht zu verunsichern. Selbst wenn es nur eine Phase ist – was wie gesagt in den wenigsten Fällen der Wahrheit entspricht –, sollte man die eigenen Gefühle nicht abwerten lassen und sich gegen diese Verharmlosung wehren und klar machen, dass es sich zunächst ganz sicher nicht um eine Phase handelt.

Und was für den Rest des Lebens passiert – wer weiß das schon?

Die von Apparat 18 ist auch so eine

Viele Lesben befürchten auch heute noch eine Diskriminierung oder zumindest soziale Ächtung am Arbeitsplatz. Im 21. Jahrhundert ist es zwar nach wie vor möglich, wegen Homosexualität diskriminiert zu werden, doch

zum Glück haben sich die Zeiten geändert. E[...]
türlich darauf an, wo man arbeitet.

In einem progressiven Unternehmen zu sein[...]
sein zu stehen ist einfacher, als wenn man f[...]
lische Kirche oder in einer von eher einfach strukturierten
Männern dominierten Fabrik tätig ist. Da man hier tatsächlich meist in Abhängigkeit arbeitet, sollte das Für und
Wider eines Coming-outs natürlich gut abgewogen sein.
Auf Dauer sollte man aber vermeiden, in einem Umfeld
zu arbeiten, wo man ständig einen Teil seines Lebens aus-
blenden muss. Wer kann es schon ertragen, wenn alle
Kollegen und Kolleginnen von ihrem Wochenende erzählen, immer nur auszuweichen, einen Pseudofreund zu er-
finden oder wie ein Mensch ohne jedes Privatleben zu
wirken. Schließlich verbringt man fast die Hälfte der Woche am Arbeitsplatz, da sollte man sich die Kompromisse,
die man meist ohnehin schon im Arbeitsbereich eingeht,
gründlich überlegen. Ein Coming-out am Arbeitsplatz
sollte ähnlich geplant sein wie das in der Familie. Zunächst sollte man sich eine Vertrauensperson suchen, der
gegenüber man sich offenbart. Irgendeinen Kollegen oder
eine Kollegin, der man sich näher fühlt, gibt es fast immer. Ist hier die Reaktion gut, so kann man das restliche
Coming-out eben mit dieser Person, die die betrieblichen
Strukturen kennt, planen. Auch muss man nicht alle ins
Vertrauen ziehen, sondern vielleicht nur nach und nach
diejenigen, mit denen man enger zusammenarbeitet oder
die einem am Herzen liegen.

Ist die Arbeitsstätte etwas größer, so muss es dort – zumindest statistisch gesehen – andere homosexuelle Kolle-

gen oder Kolleginnen geben. Diese warten vielleicht auch nur verzweifelt auf eine Verbündete. Wie auch im sonstigen gesellschaftlichen Leben tun sich Schwule und Lesben in einer heterosexuellen Umgebung gerne zusammen. Zusammenrotten ist also angesagt! Und schon fühlt man sich mit dem Lesbischsein nicht mehr so isoliert. Von den Erfahrungen der anderen kann man durchaus profitieren und, statt das zehnte misslungene Coming-out einem homophoben Chef gegenüber zu haben, vielleicht lieber auf dessen Entlassung hinwirken. Schließlich gibt es in größeren Firmen Betriebs- oder Personalvertretungen, die sich auch mit Diskriminierung aufgrund der sexuellen Orientierung oder aufgrund geschlechtlicher Umorientierung wie Transidentität befassen müssen. Natürlich ist erst zu prüfen, ob diese Personalvertretung nicht selbst vielleicht homophob ist. Grundsätzlich jedoch findet man hier wie auch bei den zuständigen Gewerkschaften immer offene Ohren und verständige Ansprechpartner. Nach US-amerikanischem Modell gibt es sogar erste Firmen, die eigene homosexuelle Betriebsgruppen gegründet haben, weil sie an die Kraft der Vielfältigkeit ihrer Mitarbeiter glauben. Beim Autohersteller Ford gibt es als gutes Beispiel die Gruppe «Globe» («Gay, Lesbian Or Bisexual Employees», «Schwule, lesbische oder bisexuelle Angestellte»).

Oft wird man auch am Arbeitsplatz positiv überrascht, und die Kollegen stellen sich als verständnisvoller und toleranter heraus als gedacht. Offenheit ist auch am Arbeitsplatz eine große Qualität, von der nicht nur die homosexuellen, sondern auch die heterosexuellen Kollegen profitieren. Auch könnte man dabei durchaus noch mit einem unerwarteten Coming-out eines Kollegen oder einer Kollegin belohnt werden, der oder die sich durch ein solches «Vorbild-Coming-out» ermutigt fühlen.

Natürlich wird man sich lieber alles verkneifen, wenn man schon beim Kaffeetrinken die homofeindlichen Sprüche der Mitarbeiter hört. Man hat immer die Entscheidung, den anstrengenden Weg zu gehen, zu kämpfen und vielleicht etwas zu verändern. Indem man sich beispielsweise gewisse Äußerungen und Witze verbittet, wie man das im Falle von Sexismus, Rassismus oder rechtem Gedankengut auch täte. Man kann aber auch den Mund halten und still vor sich hin leiden, abwartend, weil man vielleicht sowieso nur vorübergehend dort arbeiten will, auf eine Versetzung wartet oder eine Beförderung, die einen in die Position bringt, in der man eher gegen solche Dinge angehen kann. Oder man kann schlicht gehen und sich ein geeigneteres Arbeitsumfeld suchen, was sich in Zeiten großer Arbeitslosigkeit natürlich schwierig gestaltet. Doch wie im sonstigen Leben auch sollte sich jede Lesbe darüber im Klaren sein, dass sie durch Stillschweigen homophobes Verhalten natürlich indirekt billigt und ein Stillhalten in gewisser Form – zumindest für die Kollegen, die sich im Recht glauben – eine Unterstützung darstellt. Manche Menschen sind ja tatsächlich auch lernfähig, und so könnte man Unerwartetes und Gutes nach Gesprächen und Diskussionen mit Kollegen erleben. Manche Leute brauchen ja tatsächlich nur mal ein Widerwort, um ihre Position zu überdenken.

Je nach Leidensfähigkeit sollte sich jede überlegen, wie viel Verlogenheit sie an einem Achtstundentag, fünfmal die Woche, ertragen kann. Da man am Arbeitsplatz natürlich am wenigsten mitgestalten kann, mit wem man es dort so aushalten muss, ist man hier sowieso eher zu Kompromissen bereit. Doch sollte man sich bemühen, sich auch am Arbeitsplatz selbst gerecht zu werden, indem man zu dem steht, was man ist.

3: Der lesbische Alltag

Wie überlebe ich als Lesbe in der heterosexuellen Umwelt?

Diese Frage lässt sich zunächst ganz einfach beantworten: Wie alle anderen Menschen auch.

Denn so anders als ihre heterosexuellen Mitmenschen, sind Lesben nämlich gar nicht. Der große Unterschied ist das Bewusstsein, nicht gemeint zu sein, wenn in der Werbung von «Familien» gesprochen wird». Nicht gemeint zu sein, wenn Politiker von «Mitbürgerinnen» sprechen, denn sie haben eben die gemeine heterosexuelle Mitbürgerin im Kopf – immerhin ist ihnen die Tatsache weiblicher Bürgerinnen seit einigen Jahren überhaupt bewusst! Wenn von jungen Frauen, die sich entweder für Karriere oder Familie entscheiden müssen, die Rede ist, so meint damit niemand junge lesbische Frauen. Auch im idealen Fall der Abwesenheit sämtlicher Diskriminierung und selbst bei absolut gleichen Rechten ist das Besondere am lesbischen Dasein immer, dass im Höchstfall jede zehnte andere Frau ebenso fühlt. Die Schätzungen darüber, wie viele Lesben es überhaupt gibt, gehen auseinander. Zuverlässige Zahlen gibt es nicht, denn niemandem war es bisher so viel Geld wert, dieser Frage nachzugehen. Auch hat sich leider keine soziologische Studie der letzten Zeit (mit Ausnahme der noch zu erwähnenden «Eurogay»-Befragung) mit der Anzahl von Lesben in unserer Mitte beschäftigt. Die Faustformel lautet: Weltweit sind circa fünf Prozent der Bevölkerung homosexuell. Natürlich ist es schwierig, eine solche Schätzung auch für asiatische und afrikanische Länder zugrunde zu legen. In europäischen und nordamerikanischen Ballungsgebieten, in die es Homosexuelle aus nahe liegenden Gründen immer wieder zieht, geht man von zehn Prozent Schwulen und Lesben aus. Das hieße, in einer Stadt wie Berlin müssten ungefähr 180 000 Lesben leben, in New York gar eine halbe Million. In ganz Deutschland würde man nach dieser groben Schätzung auf rund zwei Millionen Lesben kommen. Eine unvorstellbar hohe Zahl, die dennoch nicht unwahrscheinlich ist. Die Studie des Marktforschungsinstituts «Emnid» im Auftrag der schwulen Internetfirma «Eurogay» ergab im Jahr 2001 allerdings das verblüffende Ergebnis, das von 15 000 telefonisch befragten Bundesbürgern und Bundesbürgerinnen nur 1,3 Prozent der Männer und 0,6 Prozent der Frauen angaben, homosexuell zu sein. 2,5 Prozent der Frauen sagten, sie seien bisexuell. Sollte dies stimmen, so gäbe es natürlich wesentlich weniger Lesben als angenommen. Aber grundsätzlich sollte man einer Umfrage misstrauen, bei der Leute sich am Telefon outen sollen. So weit das Zahlenspiel.

In jedem Fall sind Lesben eine der gesellschaftlich unterrepräsentiertesten Bevölkerungsgruppen überhaupt. Im Gegensatz zu Schwulen, die allgegenwärtig scheinen, findet man kaum Lesben im öffentlichen Leben. Wie noch an anderer Stelle erwähnt werden wird, mangelt es an lesbischen Vorbildern, an Werten in der Gesellschaft, die von

Lesben bestimmt werden, und schlicht an der allgemeinen Sichtbarkeit von Lesben. Somit ist das Gefühl, sich am Rand der Gesellschaft zu bewegen, nicht weiter verwunderlich, selbst wenn man keinerlei eigentlichen Benachteiligungen ausgesetzt zu sein scheint.

Im Grunde gibt es nur eine Strategie, mit diesem Zustand umzugehen: indem man ihn nämlich einfach erträgt, sich daran gewöhnt und schlicht damit abfindet. Genau wie dunkelhäutige Menschen in Deutschland wohl immer eine Minderheit bleiben werden und nichts tun können, um sich der hellhäutigen Mehrheit optisch anzugleichen, so werden auch Lesben niemals mehr als eine Minderheit in einer überwältigenden Mehrheit von Heteros sein. Bei vielen löst allein dieses Gefühl schon eine starke Sehnsucht nach gesellschaftlicher Sicherheit aus. Man könnte gemeinerweise mutmaßen, dass Lesben vielleicht deshalb auch so stark zu Langzeitbeziehungen tendieren. Wer kennt ihn nicht, den Wunsch, so zu sein wie alle anderen, aus einer Masse nicht herauszuragen und einfach abzutauchen, und in jedem und allem eine Art Gebrauchsanweisung fürs eigene Leben geboten zu bekommen. Eine solche Sehnsucht empfinden witzigerweise oftmals Menschen, die eben gerade mit einem sozialen Stigma wie beispielsweise Homosexualität behaftet sind. So wird auch die sprichwörtlich konsumfreudige Haltung schwuler Männer mit diesem Phänomen begründet, was doch allerdings etwas absurd und abwegig erscheint. Tatsache ist jedoch, dass man es durchaus schon mal satt haben kann, ein Leben lang «anders» zu sein. Da hilft kein Zetern und kein Zagen, es ist eben so. Und je länger man «dabei» ist und je souveräner man als Lesbe durchs Leben geht, desto weniger nimmt man diesen Zustand als störend oder defizitär wahr.

Guten Morgen, du schöne Lesbe!

Die offen lebende, souveräne Lesbe, die sexuell erfüllt ist, viele Freunde und eine nette Lebensabschnittspartnerin hat, steht schon morgens, ein Liedchen pfeifend, auf und winkt sich selbst gut gelaunt im Spiegel zu: «Guten Morgen, du schöne Lesbe.» Auf dem Weg zur Arbeit lächelt sie attraktive Frauen freundlich und viel sagend im Bus an. An der Arbeitsstelle freuen sich Kolleginnen und Kollegen auf einen weiteren Tag mit der beliebten lesbischen Kollegin, fragen nach dem Befinden der Freundin und ob der gemeinsame Sex immer noch so heiß ist. Der Chef kündigt eine Beförderung an, weil unserer Lieblingslesbe so beispielhaft aufrecht durchs Leben geht. Am Abend trifft sie sich mit ihrer attraktiven Freundin, um kluge Gespräche zu führen und innige Gefühle auszuleben, dann haben sie leidenschaftlichen und befriedigenden Sex und schlafen schließlich glücklich ein.

So weit die Utopie. Man kann nicht wissen, ob es sie gibt, unsere glückliche Utopielesbe, unmöglich ist es jedenfalls nicht. Die Realität von lesbischen Büroangestellten, Busfahrerinnen, Stewardessen, Journalistinnen, Studentinnen, Rentnerinnen, Müttern, Arbeitslosen, Schülerinnen, Schauspielerinnen, Friseurinnen, Ärztinnen und vielen anderen sieht aber oft anders aus. Sie sieht allerdings auch nicht so ganz anders aus als die von heterosexuellen Frauen. Denn Lesben leben nicht auf einem anderen Planeten. Sie leben auch nicht in einer anderen Realität. Lesben stehen mit im Stau, auf dem U-Bahnhof, sie sind beim Winter-Schluss-Verkauf dabei, bei der Theaterpremiere und bei den Bundestagswahlen. Sie trennen ihren Müll, ärgern sich über hohe Benzinpreise, gehen in den Waschsalon und aschen in Blumenkübel am Flughafen, wenn gerade niemand hinsieht. Kurzum: Lesben sind auch nur Menschen wie alle anderen auch.

Verzauberte Exoten und Lieschen-Müller-Normalbürgerinnen

Neben der Tatsache, dass Lesben im Grunde also Menschen wie du und ich sind, gibt es aber natürlich auch noch das Gefühl, etwas Besonderes zu sein. «Proud to be gay!», ist das Stichwort, «Wir sind stolz darauf, lesbisch zu sein». Wenn man davon ausgeht, dass man selbst nichts dafür kann, dass man lesbisch ist, so könnte man meinen, dieser Stolz ist genauso unsinnig wie der Stolz, ein Deutscher zu sein. Doch haben wir es hier wiederum mit einer klassischen Reaktion auf gesellschaftliche Ausgrenzung zu tun. Wenn die Mehrheit meint, wir sind weniger wert, dann finden wir eben, wir sind etwas ganz Besonderes, etwas Besseres – eine auserwählte Elite gewissermaßen. Der Kampfslogan «Proud to be gay» kommt – wir ahnen es – aus den USA und war einer der ersten Slogans, um schwul-lesbische Emanzipation und Selbstsicherheit auszudrücken. Die CSD-Demos in englischsprachigen Ländern heißen auch nicht Christopher Street Day, sondern «Gay Pride», «Homo-Stolz» sozusagen. Die Umkehrung der Marginalisierung und Erhebung zur Elite kennt man ja auch von anderen Minderheiten, wie beispielsweise den Schwarzen in den USA. Auch die feministische Frauenbewegung fußte zum Teil auf der Annahme, dass Frauen eigentlich die besseren Menschen sind. Je nachdem, mit wie viel Identität das Lesbischsein für jede Einzelne nun gefüllt ist, wird auch ihr «lesbischer Stolz» eine Rolle spielen. Sich eher als etwas Besonderes zu fühlen und mit diesem Bewusstsein die alltäglichen Herausforderungen zu meistern ist sicher besser, als krampfhaft zu versuchen, bloß nicht aufzufallen.

Es stärkt das Selbstwertgefühl, sich lieber «verzaubert» anstatt «pervers» zu fühlen. Man bevorzugt doch eher, als etwas «außerirdisch» oder «exotisch» zu gelten statt nur für «fehlgeleitet» oder «unanständig». Natürlich darf man dabei nicht das drängende Bedürfnis haben, hundertprozentig in die Gesellschaft eintauchen und dazugehören zu wollen. Mit dem Dasein am Rand der Gesellschaft sollte man sich schon arrangieren können und aus der Not eine Tugend machen. Ob man nun tatsächlich meint, die Zugehörigkeit zu einer Minderheit macht einen zu einem besonderen Menschen, ist Geschmackssache. Allgemein geht man natürlich davon aus, dass ein Coming-out und das Bewusstsein, zumindest mit einem Teil seines Charakters gegen den Strom zu schwimmen, einen in bestimmter Weise radikalisiert und gesellschaftliche Normen stärker infrage stellen lässt. Somit hat man für Ungerechtigkeiten, Zwänge und Intoleranz oft tatsächlich einen anderen Blick. Deshalb findet man in gesellschaftlich engagierten Gruppen häufig viele Lesben. Lesbisches Engagement gegen Atomkraft, gegen Abtreibungsverbot oder gegen Umweltverschmutzung ist praktisch an der Tagesordnung. Das geht so weit, dass von Schwulen und Lesben geradezu erwartet wird, sich mit anderen Gruppen zu solidarisieren. So haben zum Beispiel schon Tierschutzgruppen von Schwulen- und Lesbenverbänden gefordert, sich gegen Tierquälerei auszusprechen, denn man wisse ja, wie sich das anfühlt, und müsse gegen jede Art von Diskriminierung sein. Die Meinungen hierüber sind sicher geteilt.

Manche Lesben wollen gerade akzeptierter Teil der Gesellschaft sein, andere wollen diese erst recht durch ihren geschärften Blick verändern oder zumindest infrage stellen und übersetzten den Begriff des «Pride» auch mit einer bestimmten sozialen und politischen Systemkritik. Beide Seiten haben natürlich ihre extremen Ausprägungen. So gibt es Lesben und Schwule, die in für manche unerträglicher Weise mit ihrem «Anderssein» hausieren gehen und das Exotentum auf die Spitze treiben. Provokation ist das Zauberwort. Dafür bekommen sie viel Kritik aus den eigenen Reihen, denn man meint, der Preis für zu provokantes Auftreten ist der Verlust von Glaubhaftigkeit und Seriosität. Auf der anderen Seite gibt es natürlich total angepasste Homosexuelle, deren einziges Charaktermerkmal überhaupt eben ihre Veranlagung zu sein scheint, das sie vor dem Verschwinden in der Unkenntlichkeit einer grauen, im Strom schwimmenden Masse bewahrt.

Die Toilette: letzte Bastion
der urheterosexuellen Höhlenmenschen

Welche kurzhaarige Lesbe kennt sie nicht, die klassische Szene auf einer öffentlichen Toilette: «Junger Mann, hier sind Sie aber falsch!» Oder: «Huch, ist hier die Herrentoilette?» Je nachdem, wie hysterisch heterosexuelle Toilettenbenutzerinnen auf die Vorstellung reagieren, ein Mann könnte in der Frauentoilette anwesend sein, spielt sich die Szene ab. Ob es nun in Kaufhäusern, an Autobahnraststätten oder auf kulturellen Großveranstaltungen ist, auf der Toilette hat die Welt in Ordnung zu sein. Und das heißt, wer nicht so aussieht, wie man dies allgemein erwartet, kann unmöglich dazugehören. Es ist schon deprimierend, wie ungenau Menschen einander ansehen und dass Frauen allein aufgrund eines etwas anderen Auftretens sogleich für Männer gehalten werden. Die Aggression, die man oft als Lesbe bei diesen unangenehmen Szenen zu spüren bekommt, ist nicht nur die Angst vor vermeintlichen Männern, sondern auch das Ablehnen von Frauen, die einfach anders aussehen. Die Angst vor dem «Anderen» ist bei vielen Leuten immer noch immens hoch. Wie reagiert man nun auf dumme Sprüche wie «Können Sie nicht lesen, hier ist für Frauen» oder «Sie müssen nach nebenan gehen, junger Mann»? Der «Toilettenklassiker» ist gewissermaßen eine feste Größe im Leben einer jeden Lesbe, die kurze Haare trägt, egal wie weiblich sie ansonsten aussieht. Die Reaktionen sind im Wesentlichen von der Tagesform abhängig. Man kann die Sprüche ignorieren, freundlich klarstellen, «dass alles seine Ordnung hat», oder versuchen, den Höhlenmenschen klar zu machen, dass Frauen auch anders aussehen können. Je nachdem, worauf man gerade Lust hat. Natürlich kann man sich auch einen Spaß daraus machen und weiterhin so tun, als sei man ein Mann, und behaupten, gerade deshalb lieber aufs Frauenklo zu gehen. Oder man sagt «Ich bin kein Mann, ich bin eine Lesbe» und wartet auf die Reaktion.

Besonders belastend ist die Toilettenfrage natürlich für transidentische Menschen. Denn wer sich nicht eindeutig so kleidet und so aussieht, dass er oder sie sofort einem der beiden Geschlechter zuzuordnen ist, zerschellt im Toilettenvorraum an der Engstirnigkeit der anderen. Hier gilt es, sich entsprechende Strategien bereits zurechtgelegt zu haben oder schlicht weiterzugehen und die Frager zu ignorieren. Die Situation, sich für das, was man ist oder wie man aussieht, in einem Moment, in dem man eigentlich nur aufs Klo muss, rechtfertigen zu müssen, ist oft entwürdigend und nervend. Die öffentliche Toilette ist aber auch immer ein guter Indikator dafür, auf welchem Stand die Gesellschaft sich gerade befindet.

Souveränität – der Schlüssel zum gesellschaftlichen Glück

Souverän = unumschränkt herrschend, eine Situation beherrschen, überlegen sein, lässt uns das Lexikon wissen. Souveränität steht sowohl für uneingeschränkte Unabhängigkeit als auch für Selbstbestimmung. Und genau darum geht es. Nämlich eigenbestimmt statt fremdbestimmt durchs Leben zu gehen. Mit der nötigen Selbstsicherheit bringt einen weder offene

Homophobie noch Dummheit so schnell aus der Fassung. Dummen oder hämischen Kommentaren am Arbeitsplatz oder in der Nachbarschaft kann man beispielsweise gelassen mit dem Überreichen eines einschlägigen Buchs entgegentreten. «Ich glaube, du könntest ein bisschen mehr Informationen über Lesben gebrauchen», könnte ein Anfang sein. Viele Heteros reagieren abweisend und verständnislos, weil sie einfach nicht genug über Lesben wissen. Eine Andersartigkeit erzeugt Angst und Unsicherheit bei den meisten. Je sicherer man dem entgegentritt, desto schneller wird sich der Unmut legen. Leuten, mit denen man mehr zu tun haben möchte, die Eltern beispielsweise oder Kollegen, kann man anbieten, sich zu treffen und alle Fragen, die sie immer schon über Lesben hatten, zu beantworten. Ein derartiges Angebot lässt einen auch selbstsicherer werden und stärkt die Souveränität ungemein, denn man hilft ja anderen über ihre Ängste und Vorurteile hinweg und profitiert am Ende sogar davon. Natürlich muss man als Lesbe immer damit rechnen, auf Ablehnung zu stoßen. Die Erfahrung zeigt aber, dass man schließlich meist das zurückbekommt, was man anderen Menschen entgegenbringt. Je offener man als Lesbe lebt, desto genauer wissen die anderen, wen sie vor sich haben. Nicht selten werden so auch andere Lesben im Umfeld oder auch nur neben einem im Bus sitzend, ermutigt, offener und souveräner zu werden.

Offenheit in allen Bereichen erzeugt schließlich auch die allseits so schwer vermisste lesbische Sichtbarkeit. Eine jede muss selbst damit anfangen, um das Puzzle schließlich zu einem große Ganzen werden zu lassen. Man erlebt auch oft, dass Leute nicht nur positiv reagieren, sondern froh sind mitzuerleben, dass jemand für seine Interessen so mutig und selbstbestimmt eintritt. Mitunter bekommt man Solidarität und Unterstützung aus Ecken, aus denen man sie nie vermutet hätte. Und schließlich kann man auch nur so herausfinden, mit wem man es eigentlich wirklich zu tun haben möchte. Denn im Grunde ist nichts unerträglicher, als mit Menschen umgehen zu müssen, die einen, wüssten sie die Wahrheit, vielleicht verachten würden. Freund und Feind lassen sich mit Offenheit einfach leichter ausfindig machen, und man erspart sich verschwendete Zeit an Leute, die sich später als homophob offenbaren.

Tipps fürs aufrechte Lesbischsein:

- Stolz statt Scham, lieber stolz darauf sein, einige von wenigen zu sein, als sich dafür zu schämen.
- Nur wer Geheimnisse hat, muss um deren Aufdeckung fürchten. Lieber überall ganz offen lesbisch sein. Damit ist man nicht erpressbar, und niemand kann einen gegen den eigenen Willen outen und kompromittieren. Allerdings sollte man auf den Zeitpunkt warten, bis man das Wort lesbisch, auch ohne zu erröten, aussprechen kann.
- Gegen blöde Sprüche direkte Antworten parat haben, auch wenn man diese auswendig gelernt hat. Immer das letzte Wort bei Dummköpfen haben.
- Mit geschichtlichen Kenntnissen glänzen können. Wer meint, man sei als Lesbe sehr exotisch, dem kann man

mit einer Aufzählung antworten, wer noch alles lesbisch war. Sich damit zu beschäftigen, welche tollen Frauen alle lesbisch waren, stärkt das Selbstbewusstsein ungemein – siehe lesbische Idole.

- Bestimmte Dinge auszusprechen, ruhig vor dem Spiegel üben. Sei es das zunächst unaussprechliche «Ich bin lesbisch» bis zu «Wären alle Männer wie du, wären alle Frauen lesbisch!».

- Eindeutige Bücher, Magazine oder Poster nicht verstecken, sondern offen liegen lassen. Wird man darauf angesprochen, ergibt sich vielleicht die Möglichkeit eines unkomplizierten Coming-outs.

- Beim Auftauchen des Gefühls, man sei die einzige Lesbe auf der Welt, oder bei Verzweiflung über die Tatsache an sich, lesbisch zu sein, ruhig in die Lesbenszene gehen. Hier kann man Bestätigung unter seinesgleichen suchen, den «Marktwert» testen und sich anschauen, dass Lesbischsein mitunter durchaus glücklich machen kann.

- Niemals den Körperkontakt zu einer anderen Frau lassen, nur weil man glaubt, andere könnten einen dann für lesbisch halten oder blöde Kommentare machen. Zum Test ruhig in der U-Bahn oder im Kaufhaus knutschen und sehen, was passiert. Wird man dumm angemacht, vorher ausgedachte Antworten parat haben. Zum Beispiel: «Können Sie es nicht ertragen, wenn zwei Menschen sich lieben?»

- An Stellen, die geeignet sind, sein eigenes Lesbischsein erwähnen. Beim Frauenarzt nicht sagen «Nein, ich verhüte nicht», sondern: «Ich verhüte nicht, weil ich

Sex mit Frauen habe.» Auf die Frage «Hast du einen Freund?» lieber antworten «Nein, eine Freundin» oder «Wenn, hätte ich höchstens eine Freundin», statt schlicht «Nein» zu sagen.

- Heteros konfrontieren. Im Geschäft beispielsweise: «Als Lesbe finde ich es schrecklich, welches Frauenbild ihr Schaufenster vermittelt.» Aber auch positiv im Buchladen: «Ich finde gut, dass Sie so viele Lesbenbücher führen.»

- Wird man von einem Heteromann, in der Annahme, man könnte ja interessiert sein, angemacht, deutlich werden und auch mit dem Lesbischsein nicht hinter dem Berg halten.

- Flirten Frauen mit einem – auch mit Heterofrauen kommt dies übrigens gelegentlich vor –, ruhig darauf einsteigen und auch hier deutlich machen, dass sie durchaus an der richtigen Adresse wären. Ist man nicht interessiert, klar, aber nie empört reagieren. Cool bleiben, auch wenn man sich darüber aufregt, dass eine vielleicht nur ihre Chancen bei einer Lesbe einschätzen will. Klarstellen, dass nicht alle Lesben auch automatisch mit allen Frauen ins Bett wollen.

- Wird man auf öffentlichen Toiletten oder sonst wo für ein Mann gehalten, die Leute ruhig mit ihrem veralteten Frauenbild konfrontieren: «Haben Sie noch nie Frauen mit kurzen Haaren gesehen?», oder: «Nicht alle Frauen haben eine Frisur aus den 70er-Jahren so wie sie!» Oder einfach dazu auffordern, sich Menschen doch ruhig etwas genauer anzuschauen.

4: Partnerschaften

Cool, souverän und total out – wie finde ich nun aber eine Partnerin?

Natürlich sind die Möglichkeiten, eine Partnerin zu finden, im Wesentlichen genauso bunt und vielfältig wie für Heteros. Aber eben nicht wirklich. Praktisch ist jeder zweite Mensch auf dieser Welt eine Frau, theoretisch, damit auch eine Partnerin – theoretisch, wie gesagt. Über folgende Dinge muss man sich als Lesbe auf Frauenjagd im Klaren sein: Bin ich bereit, mich zu offenbaren? Also meine Lust oder mein Bedürfnis klar zu artikulieren, oder möchte ich es dem Zufall überlassen, aufgerissen zu werden und dann «ja» sagen zu können – möchte ich also aktiv oder passiv balzen? Bin ich offen lesbisch, weiß die andere oder die anderen, worum es mir geht, oder wird mein Werben als freundschaftliches Miteinander fehlgedeutet? Ist die andere offen für mich? Ist sie bereit, eine lesbische Affäre oder Beziehung einzugehen, oder ist sie hetero und völlig überfordert? Ist sie bereit für eine Liaison mit mir, oder lebt sie gerade monogam oder asexuell? Auf das Auftauchen dieser Fragen sollte man zumindest vorbereitet sein, auch wenn man noch gar kein konkretes Objekt der Begierde auserkoren hat. Weiß man natürlich überhaupt nicht, wie und wo man es anfangen soll, so gilt es, Aktivitäten zu entwickeln.

Wo kann ich als Lesbe potenzielle Geliebte kennen lernen?

- · Auf der Arbeit
- · In der Lesbenszene, auf Partys, in Kneipen und Cafés
- · In Gruppen von Lesbeneinrichtungen und Homozentren
- · Im Sportverein
- · Durch Kontaktanzeigen
- · Auf kulturellen Veranstaltungen
- · In politischen Organisationen
- · In Kursen und Weiterbildungseinrichtungen
- · In der Uni
- · In der Schule
- · In der U-Bahn oder in anderen öffentlichen Verkehrsmitteln
- · In der Nachbarschaft
- · Im Freundeskreis bei gemeinsamen Aktivitäten
- · Durch Kuppelei von Freunden
- · Auf Demonstrationen
- · In Warteschlangen
- · Als Kundin in Geschäften oder Dienstleistungsbetrieben, wo sie arbeitet
- · Übers Internet

Wenn du scharf bist, musst du rangehen

Orte und Gelegenheiten gibt es also genug. Doch damit ist natürlich noch nichts in die Wege geleitet. Egal, ob ich nun eine Frau, die mir gefällt, auf einer Party erspähe oder seit Monaten in eine Kollegin verknallt bin. Um zu einer

Partnerschaft, einer Affäre oder auch nur einer gemeinsamen Nacht zu kommen, muss eine Annäherung passieren.

In der Regel gibt es dafür nur zwei Möglichkeiten: Entweder ich warte, bis die andere auf mich zukommt, oder ich mache selber einen Schritt in ihre Richtung. Es geht also um das altbewährte «Rangehen». Und das ist bekanntlich schwierig. Im Gegensatz zu Männern wird bei Frauen die Gabe, aktiv auf Leute zuzugehen, nicht gefördert. In der Heterowelt geht man davon aus, dass das Männchen die Initiative übernimmt und das Weibchen passiv irgendwo herumsteht und darauf wartet, «gepflückt» zu werden. Männer scheinen dies irgendwie verinnerlicht zu haben. Wie schlimm findet man es oft, wenn Männer einen aufgrund tragischer Selbstüberschätzung, ohne jedes Gespür für die Situation, schamlos und völlig distanzlos angraben. Man fragt sich, wie sie bloß darauf kommen. Im Gegensatz dazu bleiben Frauen oft stumm und starr und warten tatsächlich darauf, dass etwas passiert – genau das andere Extrem also und genau wie die Erziehung es ihnen einst eingebläut hat. Sind nun zwei Frauen involviert, kann man sich leicht vorstellen, dass eben niemals etwas passiert. Es wird schlicht inaktiv und schmachtend «verhungert». Natürlich sollte man nicht einem schlechten unangenehmen Beispiel von unsensiblen Männern folgen. Doch zumindest könnte man sich von ihnen die Devise abgucken «Wer nicht wagt, der nicht gewinnt». Sind wir doch mal ehrlich: Der Grund, diesen Schritt nicht zu wagen, sich nicht zu offenbaren, eine Frau nicht anzusprechen oder eben diesen ersten Kuss nicht zu initiieren, ist der, dass man fürchtet, einen Korb zu bekommen. Die Liebe, die Sehnsucht, die Lust oder das Gefallen könnte nicht erwidert werden. Das kann schon mal passieren. Aber es ist immer noch besser, Gewissheit zu haben, als ewig schmachtend und unverrichteter Dinge zu verharren. Übrigens ist es ziemlich selten so, dass ein Gefallen total einseitig ist. Man könnte sich also ruhig trauen. Natürlich sollte man die Lage schon ein wenig abschätzen können. Wenn eine Kollegin oder Freundin ausdrücklich sagt, sie könnte sich niemals etwas mit einer Frau vorstellen, tut man besser daran, die Sache zu vergessen. Knutscht eine die ganze Party über mit einer anderen rum, wäre das Dümmste, was man tun kann, sie anzusprechen, während die andere kurz zum Klo ist. Der richtige Abend und die richtige Situation sind natürlich genauso wichtig wie die Wahl der Frau. Die Bitte um ein Rendezvous sollte dann vorgebracht werden, wenn man weiß, dass diejenige auch offen dafür und nicht gerade frisch in eine andere verliebt ist.

Annähern, aber richtig

- Bei Unbekannten: Lächeln, ansprechen, indem man sich selbst vorstellt, ein Gespräch beginnt und sich eine nette, unaufdringliche, aber doch klare «opening line» (den ersten einleitenden Satz) überlegt.
- Bei Bekannten, wie Frauen aus dem Freundeskreis, oder Kolleginnen, Kommilitonen etc.: Interesse an ihrer Person zeigen, überprüfen, ob sie offen für eine Annäherung wäre – mit einer Frau –, und um ein date

zu zweit bitten, das klassische Rendezvous. Dann sollte man mit der Tatsache des erotischen Interesses und den Gefühlen nicht hinterm Berg halten, um ihr Gelegenheit zu geben zu reagieren und um selbst Gewissheit zu haben.

- Bei Freundinnen und guten Bekannten: Ein plötzliches, verändertes Interesse, eine Verliebtheit in eine eigentlich gute Freundin sollte klar gesagt werden. Gemeinsam kann man darüber reden, ob es bei ihr auch so ist oder wie es nun mit der Freundschaft weitergehen könnte. Ein Verheimlichen führt nur zu Missverständnissen, Verlogenheit und dazu, dass man sich verbiegt und verkrampft. Hat sich eine Freundschaft nun mal verändert, so rettet das Verschweigen auch nichts mehr.

Zwischen One-Night-Stand und ewiger Treue

Ein alter Witz über Lesben besagt, dass sie bereits zur zweiten Verabredung einen Möbelwagen dabeihaben, um sogleich bei der neuen Geliebten einzuziehen. Im Gegensatz zur schwulen Kultur ist es bei Lesben in der Tat häufig der Fall, dass Paare, seien sie auch noch so frisch, sich überraschend schnell dauerhaft binden. Ein lockerer Umgang mit flüchtigen Affären ist bei Lesben nur selten zu beobachten. Aus One-Night-Stands wird schnell eine dauerhafte Affäre, aus einer Affäre oft sehr schnell eine feste Beziehung. Auch wenn viele Lesben sagen, sie möchten sich nicht fest binden und lieber mehrere sexuelle Erfahrungen sammeln, so sieht die Realität oft anders aus. Serielle Monogamie kann man wohl guten Gewissens als *die* klassische lesbische Lebensform bezeichnen. Das heißt, es wird in einer monogamen Zweierbeziehung gelebt, Sexualität findet nur innerhalb dieser Beziehung statt. Bricht die Beziehung auseinander − oftmals übrigens genau aus dem Grunde, dass eine das Versprechen der Monogamie bricht und andere sexuelle Wege beschreitet −, so folgt unmittelbar darauf eine neue Beziehung nach gleichem Strickmuster. In vielen Fällen wird diese Beziehung dann mit der Affäre eingegangen, die schon die alte Beziehung zum Kippen brachte. Das klingt alles ziemlich schrecklich − ist es auch. Nichtsdestotrotz werden die meisten Lesben zustimmen, dass dies die Lebenswelt für viele darstellt, auch wenn dies niemand gerne zugibt und auch keine im Grunde aktiv danach strebt.

Begründen kann man dies mit vielerlei Spekulationen: dem oft unterstellten übertriebenen Sicherheitsbedürfnis von Frauen vielleicht. Oder mit der Tatsache, dass es gerade in kleineren Städten, mit kleiner oder gar keiner Lesbenszene sehr schwierig ist, eine Partnerin zu finden. Da wird die eine dann gerne mal etwas zu schnell festgehalten. Auch haben viele Lesben leider bis heute einfach ein schwaches Selbstwertgefühl. Vielleicht durch das Frausein einerseits, also praktisch sowieso schon «Mensch zweiter Klasse» zu sein, und den gesellschaftlichen Status von Lesben andererseits. Wenige Lesben sind so sehr von sich überzeugt, dass sie sich für sexy, begehrenswert oder gar liebenswert halten. Auch wenn dies wohl im Grunde den meisten Frauen, wenn nicht allen Menschen so geht, täte ein bisschen mehr Selbstbewusstsein à la «ich bin attrak-

tiv und könnte auch andere Frauen haben, wenn ich will»
vielleicht ganz gut. Zumindest würden viele sich nicht so
«angewiesen» auf jene fühlen, mit denen sie gerade liiert
sind.

Tatsächlich sieht es aber oft so aus, dass viele Lesben über-
trieben enge, geradezu symbiotische Beziehungsstrukturen aufbauen. Eigentlich ein klassisches Zeichen von
gesellschaftlicher Unsicherheit, eine Art aneinander fest-
klammern und sich freiwillig in Abhängigkeit begeben,
um sozial eine Funktion zu erfüllen. Entsprechend
schwierig wird es dann natürlich, solche Strukturen auf-
zubrechen oder eine so geartete Beziehung zu beenden.
Operngleiche Dramen sind damit praktisch vorprogrammiert. Und alle Lesben kennen die nie enden wollenden
Tragödien um Trennungen, die ungleich schwerwiegen-
der, katastrophaler und existenzieller zu sein scheinen, als
bei schwulen oder heterosexuellen Paaren. Wahrscheinlich lässt sich die eigene Tendenz zu solchen Beziehungs-
formen nur mit wachsender Reife und der Gewissheit,
dass keine Partnerin die letzte gewesen sein muss, überwinden.
Wer nach engen Beziehungen sucht, findet ja am Anfang
auch die Erfüllung in einer solchen. Das Maß zu finden,
das einem dennoch genug Freiraum einerseits und die
Sicherheit und Geborgenheit andererseits bietet, ist eine
schwierige Übung, die genauso viel Anstrengung und
Aufmerksamkeit innerhalb einer Beziehung erfordert wie
die erfolgreiche Gestaltung und Umsetzung von Konzep-
ten am Arbeitsplatz. Man kann solche Dinge nicht einfach

als gegeben hinnehmen und glauben, alles andere ergebe sich von selbst. Man trifft sich halt, unternimmt Dinge, hat Sex und schleicht sich unmerklich ins Leben und in den Alltag der anderen ein und muss niemals konzeptionell darüber nachdenken. Mehr Sorgfalt und vor allem eine ständige Selbstbeobachtung sind unabdingbar. Allzu oft machen sich Bequemlichkeit und Gewöhnung in Beziehungen breit, wo Phantasie und Auseinandersetzung gefragt wären. Und nach Jahren wundern sich viele Paare dann, dass sie sich im Grunde nichts mehr zu sagen haben oder das Begehren völlig zum Erliegen gekommen ist. Nicht umsonst heißt es, dass Beziehungen ein hartes Stück Arbeit sind. Deshalb sind sie auch nicht für alle die beste Daseinsform, und man muss sich überlegen, ob eine Beziehung tatsächlich die einzige Möglichkeit darstellt, sich die gewünschte Nähe, Zärtlichkeit, Vertrautheit, regelmäßigen Sex und Verständnis ins Leben zu holen.

Allein dir will ich gehören

Es scheint fast, als ob lesbisches Liebesleben untrennbar mit dem Thema Monogamie verbunden ist. Es ist mitunter geradezu erschreckend, was für althergebrachte Moralvorstellungen Lesben, von denen man ja doch erwartet, es ein bisschen besser wissen zu müssen, als Grundlage für die Gestaltung ihres Sexual- und Beziehungslebens haben. Da wird vielfach tatsächlich davon ausgegangen, dass man in der heutigen Zeit über Jahre nur mit einer Partnerin Sex hat. Da wird mit Begriffen wie «Treue» und «Betrügen» hantiert, als sei man in den 50er-Jahren. Da ist von «Seitensprüngen» die Rede, und man meint mitunter fast, in der Generation seiner Großeltern gelandet zu sein, wenn es darum geht, was man ausleben darf, welche Phantasien man umsetzen möchte oder schlicht den Wunsch hat zu äußern, dass man auch andere Frauen attraktiv findet. Es ist wohl nicht zu gewagt zu behaupten, dass mittlerweile, auch in einer heterosexuell dominierten Gesellschaft, das Konzept von Monogamie weitgehend als überholt anzusehen ist. Sicher gibt es die große Liebe und die flammende Leidenschaft für eine bestimmte Frau. Die sexuelle Lust aber – und wer das bestreitet, lügt schlicht –, die hält sich nicht jahrelang an diesen Gefühlen fest. Ob man dem nachgehen möchte oder nicht, ist natürlich eine individuelle Entscheidung. Auch kann es natürlich über Jahre gut gehen, und man ist glücklich und erfüllt mit ein und derselben Partnerin. Doch kommt es dann zu einem Flirt oder den «verbotenen Gedanken», dem Begehren nach einer anderen, bricht die Idylle umso jäher auseinander. Man sollte das Thema in jeder Partnerschaft, sei sie nun locker oder ganz fest auf lange Zeit angelegt, besprechen. Leider sind hier Scheinheiligkeit, Angst vor der Wahrheit und das alles fressende Monstrum Eifersucht oft vorherrschend. Ist einem eine andere Frau wirklich wichtig, so sollte man ehrlich sein, auch wenn sie die Wahrheit vielleicht nicht gerne hört. Ist man sich selbst wichtig, so sollte man vermeiden, sich um den Preis einer vermeintlichen Harmonie zu verbiegen und sich selber Dinge zu versagen. Die Lust auf etwas anderes ist nicht automatisch das Ende einer Beziehung. In den meisten Fällen geht es bei Konflikten sowieso nicht wirklich um das Einhalten einer oftmals nicht einmal ausgesprochenen Abmachung über Monogamie, sondern schlicht um Eifersucht.

Das ewig lauernde Monstrum Eifersucht

Alle kennen es, dieses nagende Gefühl, das einen aufzufressen droht. Gedanken, die nicht weichen wollen, Wut, Enttäuschung, brennende Fragen: «Hat sie wirklich?», «Wie kann sie nur?», «Liebt sie mich denn nicht mehr?», «Bin ich ein solcher Vollidiot?» Eifersucht ist nicht nur der schlimmste Feind einer jeden menschlichen Verbindung. Sie lässt einen sich selbst auch von seiner schlimmsten, unreifsten und erbärmlichsten Seite zeigen.

Es gibt keinen, aber wirklich keinen Grund, um Eifersucht zu entschuldigen. Sie ist pure Verlustangst, die auf einem eigenen Minderwertigkeitsgefühl beruht. Sie ist die Angst, dass eine andere schöner, besser, geiler, reicher, verständnisvoller, erotischer, klüger oder sonst wie geeigneter ist als man selbst. Niemand wird bestreiten, dass man sowieso nicht verhindern kann, wenn sich jemand in eine andere verliebt. Und natürlich hat man immer Angst, unterlegen zu sein, ausgestochen zu werden und am Ende auch noch allein und verlassen dazustehen. Man kann mit Sicherheit sagen, dass dies wohl jedem Menschen, egal ob lesbisch oder nicht, mindestens einmal, wenn nicht öfter im Leben passieren wird. Und man kann mit genau der gleichen Sicherheit sagen, dass es sich schrecklich anfühlt. Man ist unglücklich, verzweifelt, am Boden zerstört und fragt sich, was man nur falsch gemacht hat. Auch ist es berechtigt, vor einer solchen Situation Angst zu haben und sie möglichst vermeiden zu wollen.

Eifersucht allerdings ist das kleine, miese Monstrum in uns allen, das festhält, wo locker lassen angesagt wäre, das kleinkariert ist, wo Großzügigkeit gefragt wäre, und das sich festbeißt in Selbstzweifeln und kleinen Gemeinheiten, wo nur Souveränität weiterhelfen würde. Eifersucht ist Neid, Missgunst und Angst. Neid auf etwas, das man selbst vielleicht gerade nicht hat, weil man in der irrigen Annahme lebte, Monogamie würde funktionieren, und man sich nun – nach Jahren der «Treue» – zu kurz gekommen fühlt. Missgunst, weil man der anderen nicht gönnt, was man selber nicht haben und vor allem auch nicht bieten kann. Und Angst davor, verlassen zu werden. Diese Angst ist durchaus berechtigt, denn Eifersucht ist wunderbar dazu angetan, die Freundin in die Flucht zu schlagen. Schließlich ist eine neue Bekanntschaft am Anfang immer besser als eine schon abgenutzte Beziehung, die nur noch ein Thema hat und von Eifersuchtsszenen geprägt ist.

So schwer es auch fallen mag, es gibt nur einen Weg: Eifersucht abgewöhnen. Zumindest so weit es geht und dann über die Jahre immer ein Stückchen mehr. Man weiß im Grunde immer, dass man keine Partnerin festhalten kann, weder mit Betteln, Bitten noch mit Intrigen oder mit langen Diskussionen. Man sollte sich auf das besinnen, was man der Partnerin zu bieten hat, weshalb sie schließlich mit einem zusammen ist, und sich nicht von dieser monströsen Seite zeigen und damit tatsächlich etwas aufs Spiel setzen, das einem viel bedeutet.

74

Schatz, heute nicht, ich habe Migräne

Das Phänomen heißt «Lesbian Bed Death», mitunter mit «Der Tod in den Kissen» oder «Tod zwischen den Laken» übersetzt. Gemeint ist schlicht das Absterben des Verlangens nach einiger Zeit des regelmäßigen sexuellen Umgangs miteinander. In allen längeren sexuellen Affären wird am Anfang natürlich sehr viel mehr Lust ausgelebt, mit neuen Techniken experimentiert und mehrmals täglich Sex gehabt. Nach einer gewissen Phase der Gewöhnung lässt dies bekanntlich bei allen Menschen nach. Ob dieses Zurückschrauben des sexuellen Miteinanders in lesbischen Beziehungen nun tatsächlich extremer ist, kann man nicht genau sagen. Verschiedene Expertinnen wie zum Beispiel die US-amerikanische Sexualforscherin Joanne Loulan behaupten dies. Von ihr wurde der Begriff «Lesbian Bed Death» auch geprägt. Sie geht von einer ständigen Halbierung der Häufigkeit des Geschlechtsverkehrs aus, der nach einem bis eineinhalb Jahren praktisch ein Nullniveau erreicht hat. Ihre Beobachtungen wurden vielfach von anderen Lesben bestätigt, und man könnte sich zu der These hinreißen lassen, dass Lesben tatsächlich dazu neigen, zu viel, zu schnell und zu eng miteinander zu leben. Unbedacht gemachte Versprechungen, Treueschwüre und der unsinnige Glaube an Monogamie lassen eine wilde Leidenschaft füreinander oft schon nach wenigen Monaten zu grauer Monotonie verkommen. Krankhafte Eifersucht tut ihr Übriges, um die Lust aufeinander zum Abklingen zu bringen. Ehe man sich versieht, wendet man Vermeidungstaktiken an wie «Ich habe Kopfschmerzen», «Ich muss morgen so früh aufstehen» oder «Ich lese lieber noch was». Und schon liegt man regungslos wie ein altes Ehepaar nebeneinander und kann nicht glauben, was aus all der Geilheit, den Träumen, Versprechungen und den Plänen geworden ist. Wach bleiben und aufmerksam beobachten, wie man sich selbst und wie sich die andere verhält, kann bereits bei den ersten Anzeichen vielleicht das Schlimmste vermeiden. Natürlich ist sexuelle Energie von vielen Faktoren abhängig. Krankheit, Medikamenteneinnahme, hormonelle Veränderungen, wie beispielsweise die Wechseljahre, Prüfungsstress, Ärger auf der Arbeit, Existenznöte, wie Schulden oder Arbeitslosigkeit, und dergleichen können einen so beeinträchtigen, dass man tatsächlich keine Lust auf körperliche Nähe und Geilheit hat. Doch muss man sich überlegen, ob man anfangs nicht genauso viele Schulden hatte, den gleichen Ärger im Job oder auch schon früh aufstehen musste. Sobald man dies bemerkt, sollte man unbedingt mit der Partnerin sprechen, um ein Einschleifen der Situation zu verhindern. Sexualität will weiterentwickelt werden. Was vor einigen Monaten noch sehr befriedigend war, möchte später vielleicht anders umgesetzt werden, weil die Phantasie beflügelt wurde, aber man sich nicht traut, neu auftretende Bedürfnisse zu artikulieren. Lange Phasen der Monogamie können, wie schon erwähnt, auch den beschriebenen Effekt haben. Die Erlaubnis, Sex mit anderen zu haben, kann sich auf die eigene Beziehung sehr erfrischend auswirken, wenn man seine Eifersucht im Griff hat.

Man muss sich nichts vormachen, auch Lesben wollen regelmäßig Sex haben, befriedigt werden und sich begehrt fühlen. Versagt man der Partnerin dies über längere Zeit, so können trotz allem Verständnis für die jeweilige Situation Verdruss und schlechte Laune aufkommen. Man sollte ehrlich dazu stehen und darüber sprechen.

Verzicht ist keine Tugend, sondern schlicht dumm und unnötig. Die Zeiten, in denen Frauen eine eigene Lust abgesprochen wurde, sind glücklicherweise vorbei. «Sex ist mir nicht so wichtig», «Ich bin nicht so triebgesteuert» oder gar «Ich brauche keinen Orgasmus» sind Sätze, die Frauen in den Mund gelegt wurden, um über sexuelles Versagen von Männern hinwegzutäuschen oder um die Scham vor der weiblichen Lust zu verdecken. Lesben sollten nicht die gleichen alten Fehler machen. Es ist durchaus legitim, auf seiner sexuellen Erfüllung zu bestehen und die Partnerin in eine gewisse Pflicht zu nehmen. Man muss eben darüber kommunizieren, warum etwas passiert oder eben nicht passiert und wie Abhilfe zu schaffen ist. Genauso muss man der anderen ihr Recht auf Sex gewähren und sie auf andere Sexualpartnerinnen ausweichen lassen, sollte man sich selber nicht in der Lage fühlen, ihre Wünsche zu erfüllen. Natürlich ist es hilfreich, möglichst entspannt mit dem Thema umzugehen und nicht hysterisch zu werden, sollte eine mal keine Lust haben oder eine Zeit lang schnell müde werden. Wie in allen Aspekten von Liebesbeziehungen und insbesondere bei der Sexualität ist Kommunikation das Wichtigste überhaupt. Man muss sich einfach einen Ruck geben und Dinge ansprechen, Fragen stellen und sich Zeit nehmen,

Unausgesprochenes zu klären, auch wenn es anfangs noch so schwer fällt.

Schöner trennen

Alles hat bekanntlich ein Ende, so auch die schönsten Beziehungen. Ausnahmen gibt es natürlich immer, die seien hier beglückwünscht. Allen anderen sei gesagt: Von einer Trennung geht die Welt nicht unter! Auch wenn es sich natürlich ganz genau so anfühlt. Doch wissen wir alle aus Erfahrung, dass jede Trennung irgendwann verdaut ist. Die Zeit heilt viele Wunden, und man wundert sich über den immensen Schmerz, den man gefühlt hat. Gründe, sich zu trennen, gibt es natürlich millionenfach, doch sollte am Ende ein Grund ausschlaggebend sein: nämlich dass es vorbei ist. Solange man dies nicht mit Sicherheit sagen kann, gilt es, wieder und wieder zu prüfen, ob eine Trennung tatsächlich die richtige Maßnahme ist. Oft muss auch nur etwas geändert werden, was sich leichter sagt, als in die Tat umgesetzt werden kann. Eine andere Geliebte beispielsweise muss kein Trennungsgrund sein, hier gilt es oft nur, die Eifersucht zu überwinden. Ein darniederliegendes Sexualleben kann reanimiert werden, traut man sich, Bedürfnisse offen auszusprechen. Leider ist es allerdings häufiger der Fall, dass Trennungen zu spät statt zu früh passieren. Viele Lesben halten ewig aneinander fest und machen sich aus Sentimentalität und dem Festhalten an einigen schönen Monaten am Anfang noch jahrelang die Hölle heiß. Was man nicht mehr festhalten kann, muss man eben loslassen, lautet die einfache, aber schwer umsetzbare Devise. Zudem haben viele das große Bedürfnis, die Dinge bis zu ihrem absoluten Zerfall auszudiskutieren. So ziehen sich Trennungen oft Monate hin, weil immer und immer wieder alles durchgekaut werden muss. Nicht weil es tatsächlich noch etwas zu sagen gäbe, sondern schlicht weil man nicht loslassen kann. Natürlich ist es sehr deprimierend, erkennen zu müssen, dass eine einstmals hoffnungsvolle Verbindung offenbar doch nicht mehr funktioniert und beendet werden muss. Doch hilft das krampfhafte Festhalten niemandem. Man tut sich keinen Gefallen damit, die andere und sich selbst so sehr zu quälen, bis man sich wirklich nicht mehr riechen kann, um dann endlich «entliebt», wütend und enttäuscht voneinander zu lassen. Die perfekte Trennung gibt es natürlich nicht. Doch sollte man seine Selbstachtung und den eigenen Stolz nicht vergessen. Wenn sich eine Frau von einem trennen möchte, hilft es nicht, sich zu erniedrigen und sie zu bitten, doch zu bleiben, das macht die Sache nur schlimmer. Auch sollte man, will man sich trennen, auf keinen Fall aus Mitleid oder Verantwortungsgefühl bleiben. Das ist keine Basis für eine Beziehung.

Schwierig wird es natürlich immer dann, wenn man gemeinsame Dinge im Leben aufgebaut hat wie die Klassiker: Kinder, Haus und gemeinsame soziale Zusammenhänge. Auch wenn diese Faktoren sicher wohl bedacht am Anfang erwägt wurden, so gibt es eben keine Garantie für die Dauer von Liebe, Zufriedenheit oder Harmonie. Man sollte auf keinen Fall zusammenbleiben, nur weil man gemeinsam für Kinder sorgt oder Besitzstände hat. Gerade dann muss man einen kühlen Kopf bewahren und sollte sein soziales Umfeld stark in die Pflicht nehmen, einen auf dem schweren Weg zu begleiten. Aber Achtung, irgendwann können auch die besten Freunde das Thema nicht mehr hören und möchten, dass das normale Leben irgendwann wieder Einzug hält.

Am besten ist es natürlich, wenn man mit einigem Respekt auseinander gehen kann. Aber auch wenn die Teller fliegen und man sich schwört, nie wieder ein Wort miteinander zu wechseln: Entscheidend ist für jede im Grunde nur, dass sie das tut, was für ihr eigenes Leben am besten ist. Egal wie unbeliebt sie sich damit nicht nur bei der angehenden Exfreundin, sondern vielleicht auch im Freundeskreis oder in der Lesbenszene macht. Gerade bei Lesben kann man ja beobachten, das ihr Freundeskreis oftmals aus ehemaligen Geliebten und Exfreundinnen besteht. Ob dies nun ein Zeichen dafür ist, dass im Grunde nie so ganz losgelassen wurde, oder eher dafür, dass auch nach einer Trennung noch menschliche Nähe übrig bleibt, kann man wohl nicht so genau sagen. Auf alle Fälle aber ist es ein Zeichen dafür, dass das Leben auch nach Trennungen noch weitergeht und man sich eben nicht scheuen sollte, auch schmerzhafte und unbequeme Schritte zu tun. Schließlich könnte es auch irgendwann wieder besser kommen – vielleicht als je zuvor –, und davor sollte man sich nicht verschließen, nur um längst vergangenen Träumen nachzuhängen.

5: Szene zwecklos?

Neulich im Dorf

In lesbischen Kontaktanzeigen kann man es immer wieder lesen: «Keine Szenelesben bitte» oder schlicht: «Szene zwecklos!» Was hat es nun auf sich mit der ominösen Lesbenszene?

In beinahe jeder Stadt mit über 100 000 Einwohnern gibt es zumindest ein Frauencafé, irgendeine Kneipe mit Frauenabenden oder zumindest einen Frauenbuchladen. Und wo Frauen draufsteht, sind meist Lesben drin. Deshalb gibt es im Umfeld dieser Einrichtungen meistens auch eine Lesbenszene. In kleinen Städten ist die Szene aus nahe liegenden Gründen überschaubar, in größeren Städten ist sie, trotz der größeren Masse an Lesben, aber trotzdem auch mit dem szeneeigenen «Dorfgefühl» ausgestattet. In der Szene kennt jede jede – meint man zumindest. Verkehrt man lange genug in Szenekreisen, hat man zumindest das Gefühl, dass jeder Abend in der Lesbenbar oder auf einer Frauenparty im Grunde ein Familientreffen ist.

«Ach, sieh nur, die X ist jetzt mit der Y zusammen.» Oder: «Mensch, A wurde von ihrer Freundin verlassen, sieht ja auch schlecht aus, die Arme», oder «Da drüben steht schon wieder die, die letztens noch mit der hübschen Blonden nach Hause ist, mal sehen, wen sie heute abschleppt». So oder ähnlich können die Gespräche in der «Dorfdisco Lesbenszene» ablaufen. Wie bei allen Minderheiten, so finden sich auch Lesben zusammen und zelebrieren gemeinsam ihr Anderssein, wollen Gleichgesinnte treffen und möchten den Zustand einer gewissen Normalität erleben.

Nicht zuletzt ist aber auch die Suche nach einer Partnerin – ob nun für eine Nacht oder für viele Jahre – in der Szene am einfachsten. Zumindest muss sich hier keine erklären, sich vorher umständlich outen oder befürchten, als offensichtliche Lesbe in irgendeiner Art benachteiligt zu sein, denn hier sind alle so. Ein gewisses Grundgefühl bei allen Anwesenden kann vorausgesetzt werden, was natürlich auch das überaus wichtige «Wir-Gefühl» erzeugt. Hier sind wir alle gleich, alle offen und in einer Art Schutzraum vor der heterosexuellen oder der männlichen Welt. Deshalb gehen sie alle immer wieder hin und kennen sich natürlich auch alle untereinander – ganz wie in jeder anderen Dorfgemeinschaft auch. Vielleicht wird an dieser Stelle die Bedeutung des Wortes «Community» deutlicher, was übersetzt ja schlicht «Gemeinde» heißt.

Was sind Szeneorte?

Lesbenbars:

Der Klassiker, stirbt allerdings immer mehr aus. Die älteste Lesbenbar Deutschlands (das «pour elle» in Berlin-Schöneberg) ist nach 30-jährigem Bestehen nun auch in schwulen Besitz übergegangen und mit einem neuen Konzept versehen. In den klassischen Lesbenbars, die in den 20er-Jahren und dann wieder in den 70er- und 80er-Jahren sehr «in» waren und oft dem

«Rotlicht-mit-Plüsch-Klischee» entsprachen, wird am Tresen gehangen, viel geschaut, gebaggert und vor allem immer wieder hingegangen – der Ort für Stammpublikum.

Partys:

«Frauenschwoofs» in der Provinz, schwul-lesbische Partys in Großstädten oder schlicht die wöchentliche Frauenparty in einer Disco. Laute Musik und Anonymität sind wichtig. Hier treffen sich oft die gleichen Leute wieder, tanzen viel und trinken noch mehr. Augenflirt und Telefonnummernaustausch wird betrieben.

Projekte:

Viele noch aus der Frauenbewegung stammende Selbsthilfeprojekte sind ein wahres Nest für Lesben. Sei es der Klassiker Frauenbuchladen, die Lesbenberatungsstelle, das Frauencafé oder Lesbenreferate an einer Uni oder der selbst verwaltete Ökoladen. Im Umfeld derartiger Projekte bieten sich gute Möglichkeiten zu lesbischen Kontakten. Viele Projekte sind wahre «Beziehungskarussells». Oft war jede schon mit jeder liiert. Der Wechsel der Belegschaft geht oft einher mit dem Wechsel der Partnerinnen.

Initiativen und Vereine:

Im Gegensatz zu Projekten sind Initiativen wie «Lesben gegen rechte Gewalt» oder Frauensportvereine von vornherein nicht an das finanzielle Überleben gebunden und reine Freizeitprojekte. Hier stehen soziale Kontakte und inhaltliche Aktivitäten im Vordergrund. Durch die hohe Fluktuation solcher Gruppen lernen sich hier im Laufe der Jahre oft Hunderte von Lesben kennen, denn jede hat noch Freundinnen, Exfreundinnen und andere Bekannte, die gelegentlich mitkommen.

Großveranstaltungen:

Am bekanntesten sind natürlich die alljährlichen Demos und Straßenfeste zum Christopher Street Day (CSD). Aber auch große Frauen-Musikfeste, Frauen-Motorradtreffen oder schwul-lesbische Filmfestivals sind ein beliebter Ort, gerade für Coming-Outlerinnen, um einen ersten Anlauf in die Szene zu unternehmen, weil man hier zunächst weitgehend anonym bleibt.

Ersatzfamilie Lesbenszene

Etliche Frauen gehen mit ihrem Lesbischsein nur innerhalb der Szene offen um, in der «richtigen Welt» leben sie versteckt und führen gewissermaßen ein Doppelleben. Umso wichtiger ist die Szene für solche «Freizeitlesben». Wie in jeder Art von «Geheimbund» kann man in der Szene Diskretion voraussetzen. Und so kann die erfolgreiche Nachrichtensprecherin, die alle Welt im Glauben lässt, heterosexuell zu sein, nächtens ungehindert Mädels in der Szene abschleppen und sich der, von zumeist offen lebenden Lesben geschaffenen, Infrastruktur bedienen, ohne tagsüber auf die Annehmlichkeiten der heterosexuellen Welt verzichten zu müssen. Auch das ist eben das Leben im «Dorf Lesbenszene». Man mag mitunter kaum glauben, wie viele heterosexuelle Frauen, oder solche, die ein Doppelleben mit Ehe und Familie einerseits und mit Lust auf Frauen andererseits führen, in der Szene anzutreffen sind. Ohne die Szene hätten solche Frauen nie eine Chance, ihre «andere Seite» auszuleben oder zu erfahren.

Natürlich ist die Szene auch ein Ort, den Coming-Outlerinnen geradezu aufsuchen *müssen*. Sei es, um mal zu sehen, «wie andere Lesben so ausschauen», oder um überhaupt ein Gefühl dafür zu entwickeln, wie sich Lesbischsein öffentlich und in der Masse eigentlich anfühlt. In der Anonymität der Lesbenszene kann sich die Junglesbe ein wenig ausprobieren, ihre Chancen bei Frauen überprüfen und ein wenig flirten, ohne dass dies gleich weitreichende Konsequenzen haben muss. Man kann die modischen Trends der Szene erkunden, welche Haarschnitte oder welche Hosen gerade «in» sind, zu welcher Musik getanzt wird und vielleicht grundsätzlich ein lesbisches Lebensgefühl erkunden. Nicht zuletzt kann man die Umgangsformen von Lesben ausführlich studieren. In der Szene lernt man, wie Frauen sich kennen lernen, anbaggern, abschleppen, unsicher sind und selbstbewusst auftreten. In der Szene kann man gewissermaßen durch die hohe Schule des Lesbenkodex gehen.

Nicht selten nimmt die Lesbenszene im Leben einer regelmäßigen Szenegängerin die Funktion einer Ersatzfamilie ein. Manche haben aufgrund des Unverständnisses ihrer Herkunftsfamilie mit dieser gebrochen und sich ein anderes familiäres Umfeld aus Lesben – mitunter auch schwulen Männern – geschaffen, die die gleiche Funktion erfüllen wie Eltern und Geschwister.

Es werden Feste wie Weihnachten oder Geburtstage gemeinsam begangen, Reisen und Ausflüge veranstaltet und wichtige Entscheidungen im Leben gemeinsam getragen. Aber auch Lesben, die noch innige Kontakte zu ihrer Herkunftsfamilie haben, nehmen die lesbische Familie in Anspruch, weil sie sich hier einfach zu Hause fühlen. Man wird verstanden, ist unter seinesgleichen und muss sich nicht mit lästigen Moralvorstellungen abgeben, wie sie gerade von älteren Familienmitgliedern häufig thematisiert werden.

Die Lesbenszene hat neben der familiären Funktion natürlich auch die der Kontaktanbahnung. Man hat Freunde und Verbündete um sich herum und kann gleichzeitig nach potenziellen Partnerinnen Ausschau halten. So sind allerdings alle Anwesenden immer gleich Zeuginnen neuer Begegnungen und Anbahnungen. Ganz wie in der Familie lässt sich auch in der Lesbenszene nichts geheim halten, und Freundschaften und Liebschaften vermischen sich fließend. Oft bestehen Freundeskreise aus vielen ehemaligen Geliebten, was ein klassisch homosexuelles Phänomen zu sein scheint, das man sowohl bei Lesben wie auch bei Schwulen, fast nie aber bei Heteros sieht.

Die Lesbenszene ist also eine Mixtur aus zukünftigen und ehemaligen Geliebten, vermischt mit Bekannten und guten und engsten Freundinnen.

Ich sehe was, was du nicht siehst

Ein phänomenaler Aspekt, der in dieser starken Ausprägung nur in der Lesbenszene vorhanden zu sein scheint, ist die soziale Kontrolle untereinander. Man kann sich unschwer vorstellen, dass bei so vielen intimen Kenntnissen voneinander genauestens auf das Verhalten und die Veränderungen der anderen geachtet wird. Obwohl einerseits eine gewisse Anonymität herrscht und man auch ein Doppelleben in der Szene durchaus diskret ausleben kann, ist die «soziale» Überwachung umso schärfer. Leider führt diese soziale Überkontrolle oft zu sehr unschönen Szenarios. Wem sind sie nicht bekannt, die öffentlich ausgelebten Eifersuchtsdramen auf Tanzflächen lesbischer Partys, die jede Schreierei in einer Eckkneipe in den Schatten stellen?

Ein festgelegter Verhaltenskodex, der sehr viel starrer ist als bei Gruppen, die sich gesellschaftlich nicht so am Rand empfinden, ist die Norm. Jede dieser Gruppen hat natürlich neben ihren Trends und Codes auch «Do's» und «Don'ts». Und in der Lesbenszene wird auf diese anscheinend besonders stark geachtet. Während beispielsweise in der Schwulenszene sehr viel mehr «Laisser-faire» angesagt ist, was das Liebes- und Sexualverhalten angeht, gehen Lesben oft gnadenloser miteinander um. Anonyme Sexualität, wie sie bei Schwulen gang und gäbe ist – denkt man nur an die vielen Sexpartys und Darkrooms, öffentlichen Toiletten und Schwulensaunen –, ist in der Lesbenszene die absolute Ausnahme. Hier wird man bei allen Aktivitäten gesehen, bei allen Annäherungsversuchen, in jedem neuen Outfit und in jeder Stimmung – und das hat Konsequenzen! Stellt man mit der «falschen» Frau das Falsche an, wartet die Ungnade. Aufmerksame Exgeliebte oder zukünftige Geliebte beobachten und taxieren aufs schärfste. Jede scheint eine Meinung über jede zu haben und «weiß» von vornherein, wer zu wem passt und wer nicht. Viele schwingen sich zu Urteilen darüber auf, wer mit wem besser nichts anfangen sollte und welche Beziehung gerade – ganz öffentlich natürlich – zu Bruch geht, weil man einen angehenden Akt der Untreue mit ansehen kann. Überaus aufmerksam verfolgen alle, wer mit wem anbändelt, und geben ihren Segen oder signalisieren Ablehnung. Ganz wie in biologisch verwandten Familien kann man verstoßen werden oder das Lieblingskind sein, das sich alles erlauben darf. Manchmal wird man auch mütterlich betüddelt, und solche, die sich zu Übermüttern der Szene berufen fühlen, versuchen schützend vermeintliches Unheil von anderen abzuwehren. Hier werden Intrigen gesponnen und «rein zufällig» Bekanntschaften verkuppelt, weil so mancher nicht passt, welche gerade mit wem zusammen ist. Auch geradezu kindische Rache ist leider oft anzutreffen. Da wird mit gleicher Münze heimgezahlt, was nicht hingenommen werden kann, indem vor aller Augen geknutscht wird, damit auch alle sehen, wie die eifersüchtige Freundin nun ihrerseits eine andere aufgetan hat. Besonderen Spaß scheint es dann natürlich zu machen, auch hinter dem Rücken der alles kontrollierenden «Familie» schamlos das Verbotene zu tun. Und sei es nur, um mal wieder etwas Leben in eingefahrene Freundschafts- und Beziehungsstrukturen zu bringen.

Inzest – der Spaß für die ganze lesbische Familie

Dass die Gruppenzusammenhänge in der Lesbenszene so massiv sind und jede Handlung so bedeutungsschwer scheint und viele Situationen stark emotional aufgeladen sind, hat mit dem Phänomen des «lesbischen Inzeste» zu tun. In einer typischen lesbischen Szeneclique hatte jede schon einmal eine Liaison mit beinahe jeder. So wird eine Geliebte abgelegt, die nächste aus dem unmittelbaren Umkreis rekrutiert, und die Verflossene tut sich ihrerseits nach Ersatz um. Der Radius, in dem dies geschieht, ist erfahrungsgemäß ziemlich klein. Und so ist man schnell mit einer Gruppe konfrontiert, in der alle schon Sex miteinander hatten, liiert waren oder zumindest mit den Exfreundinnen oder deren Exfreundinnen eine Affäre hatten. Der Eindruck, in der Szene würden die Frauen praktisch herumgereicht, trügt nicht. Doch obwohl viele mitspielen, weil dadurch schließlich immer etwas los ist und die Atmosphäre durch all diese Verwicklungen auch erotisch aufgeladen ist, haben in der Tat die wenigsten auch die Nerven dafür! Denn man muss durchaus mit ansehen können, wie die ehemals Geliebte nun mit der guten Freundin innig ist. Deren Ex wiederum macht sich schamlos an eine andere Verflossene ihrer Ehemaligen heran, die ihrerseits soeben ihr Verhältnis mit der besten Freundin der Exfreundin ihrer anderen Affäre hatte ... und so weiter. Dass man dafür neben dem guten Überblick auch das nötige Nervenkostüm haben muss, versteht sich von selbst. Da in solchen Konstellationen ein gewisser Hang zum Exhibitionismus zu bestehen scheint und alle immer bemüht sind, dass auch ja alle anderen Beteiligten sehen, wie gut man gerade im Spiel ist, ist man durchaus mit vielen dieser Szenarios gnadenlos von Angesicht zu Angesicht konfrontiert. Und wenn es einer zu viel wird, dann gibt es gar heftige Szenen und kaputte Freundschaften und noch mehr Exbeziehungen. Viele Lesben spielen dieses Spiel lange Jahre am Beginn ihres «Eintritts» in die Lesbenszene. Erfahrungsgemäß hört die Faszination dafür erst jenseits der 30 auf.

Ein Leben unter der Regenbogenfahne?

Es gibt also gute Gründe – Offenheit bezüglich der eigenen Homosexualität, familiärer Halt und viele Freundschaften – und weniger gute Gründe – soziale Kontrolle und inzestuöses Verhalten –, um eine soziale Anbindung an die Lesbenszene zu erstreben beziehungsweise zu vermeiden. Im Grunde ist es eine Geschmacksfrage.

Viele Lesben gehen nach dem Grundsatz vor, sich in der Szene eine Freundin zu suchen, um dann für einige Jahre in einer innigen monogamen Zweierbeziehung abzutauchen. Sieht man die Betroffene dann wieder in den einschlägigen Lokalitäten oder Projekten, so kann man davon ausgehen, dass die Beziehung vorbei ist und sie auf der Suche nach einer neuen ist. Andere verbringen ihre lesbische Jugend in der Szene und suchen sich dann, um viele Erfahrungen gereifter, neue Kreise und Kontakte außerhalb der Szene.

Grundsätzlich besteht die Lesbenszene zum größten Teil aus Frauen unter 30 Jahren, im höchsten Falle 35 Jahren.

Frauen ab 40 sind nicht so oft zu treffen. Und wenn, dann vor allem in Projekten, wo es geschafft wurde, Jobs zu schaffen, mit denen man mit der «Szenearbeit» auch seinen Lebensunterhalt verdienen kann. Trotzdem ist die Lesbenszene beileibe nicht nur etwas für junge Frauen. Um beim Vergleich mit der Familie zu bleiben: Auch wenn die Abnabelung mit zunehmendem Alter stärker wird, muss man in bestimmten Momenten einfach wissen, wo man hingehört. So muss die Szene diese Funktion im Grunde ein Leben lang erfüllen. Oder man hat sich, wie viele das tun, einen ganz eigenen, sehr viel privateren Kreis geschaffen. Dann kann man weitgehend auf Szeneeinrichtungen verzichten und ist aus alter Tradition vielleicht nur noch auf den Großveranstaltungen wie dem CSD zu sehen.

Entscheidend für ein szenebewegtes Leben ist natürlich auch das Bestreben, das Lesbischsein als Teil seiner Identität stärker in den Mittelpunkt zu rücken. Lesben, denen das Leben in einer lesbischen Beziehung reicht und die ansonsten wenig schwul-lesbische Kontakte haben, sind weniger auf die Szene angewiesen als solche, die auch über ihr Liebesleben hinaus in lesbischen Zusammenhängen verkehren wollen und stärker Identität stiftende Umgebungen brauchen. Hat man ein eher politisches Verständnis seiner lesbischen Identität, so wird man stärker in den politischen Lesbenzusammenhängen verkehren wollen und lebt lieber überall dort, wo viele Regenbogenfahnen wehen.

In the Ghetto

Oft wird die Szene auch als Ghetto verschrien und verschmäht. Nun hat ein Ghetto die gleiche soziale Funktion, wie wir sie für die Lesbenszene bereits beschrieben haben. Glücklicherweise handelt es sich hier ja nicht um ein erzwungenes Ghetto, sondern eher um ein frei gewähltes Gehege, und die Nachfrage ist immerhin so groß, dass es weltweit Lesbenbars, -partys und Zusammenrottungen jeder Art gibt.

Man verliert schon mal das Gefühl für die Realität, wenn man in einem kleinen Lesbenparadies überproportional viele lesbische Frauen kennt, lesbische Bücher und Zeitschriften liest, auf entsprechende Partys geht, Lesbenfilme anschaut und in Gegenden wohnt, wo Regenbogenfahnen an den Balkonen flattern. Man verliert kurzzeitig das allgegenwärtige Erkennen der Tatsache, in einer patriarchalen, heterosexuellen Gesellschaft zu leben, die mit ihren christlichen Moralvorstellungen die Ehe, Familie und das Kinderkriegen nach wie vor als höchstes Gut schützt und propagiert. Für einen kurzen so genannten «Reality Check» empfiehlt sich das Anschalten des Fernsehers, das Aufschlagen einer Tageszeitung oder, ganz simpel, das Benutzen öffentlicher Verkehrsmittel. Und schon verblassen die vielen Regenbogenfahnen zugunsten grauer Hetero-Realität.

Wer glaubt, ein Leben in einem Homo-Ghetto – wie auch immer es aussieht – würde einen entfremden, ist naiv. Diese Freiräume wurden mühsam erkämpft und gelten bei anderen von jeher als verdächtiges Umfeld, das dazu angetan ist, die Gesellschaft zu untergraben. Wann immer auf der Welt eine Diktatur in einem Staat die Macht übernimmt, ist eine der ersten Maßnahmen, immer alle homosexuellen Treffpunkte zu schließen. Denken wir nur an «das Ausmerzen» der einmalig bunten und vielfältigen homosexuellen Subkultur in Berlin bei der Machtergreifung der Nazis. Es lohnt sich also auf jeden Fall, für sein lesbisches Ghetto zu kämpfen. Man muss nicht bis zur totalen Selbstauflösung darin leben, aber man kann sich die Infrastruktur zunutze machen, wann immer man sie braucht. Und vielen tut es einfach gut, zu wissen, dass es einen Platz gibt, wo sie hingehören.

Regeln zum Überleben in der Lesbenszene:

- Wer auf Partys zuerst lächelt, hat verloren!
- Wenn man eine Frau anspricht, denkt sie, man will mit ihr ins Bett. Also nur in diesem Fall mit fremden Frauen reden oder gleich klären, dass man früher mal mit ihr zur Schule gegangen ist und nur mal «Hallo» sagen wollte.
- Wer keine Beziehung hat, gilt als bindungsunfähig. Wer eine hat, gilt als Langweilerin. Also möglichst «dazwischen» bleiben.
- Auch wenn man es nötig hat, niemals so wirken, als möchte man unbedingt eine Frau abschleppen. Immer schön cool bleiben!
- Niemals in eine bestehende Beziehung drängeln – es sei denn, man möchte die nachfolgende zweijährige Beziehung werden.

- · Einem One-Night-Stand auf keinen Fall seine Telefonnummer geben, sonst gilt man sofort als die neue Freundin.

- · Wer eine Beziehung hat, aber mit einer anderen gesehen wird, sollte noch in derselben Nacht die Freundin anrufen, um den gut gemeinten Telefonaten wohlmeinender Freundinnen am nächsten Morgen zuvorzukommen.

- · Immer davon ausgehen, dass alle Lesben sich untereinander kennen. Bevor man in einer Gruppe über jemanden lästert, erst fragen, wer schon alles mit derjenigen liiert war.

- · Bekommt man von einer neuen Bekanntschaft die Telefonnummer, genau drei Tage mit dem Anruf warten. Meldet man sich früher, heißt es, man steht auf dem Schlauch. Meldet man sich später, glaubt die andere, man ist nicht interessiert genug.

- · Lesben unter dreißig wollen bei der ersten Verabredung noch reden, also verständnisvoll sein und zur Not die ganze Nacht diskutierend bei Tee in der Küche verbringen. Meist führt das zweite Date ins Bett.

- · Lesben über dreißig wollen auf keinen Fall reden. Was in der ersten Nacht nicht passiert, wird wohl nie klappen.

- · Lernt man eine Frau in der Szene kennen, erst versuchen herauszufinden, bei wie vielen Exfreundinnen sie bereits Erkundigungen eingezogen hat. Sollte man diesem Bild nicht entsprechen wollen, Abstand nehmen.

6: Sexbombs

Lesbensex — die zarteste Versuchung?

Über den Sex zwischen zwei Frauen gibt es wohl mehr Mythen als über jede andere Form der menschlichen Kopulation. Das liegt vor allem daran, dass lesbischer Sex selten öffentlich thematisiert und beinahe nie abgebildet wird. In Medien, Filmen und Büchern wird, selbst wenn es um Lesbensex geht, an den Stellen abgebrochen und ausgeblendet, wo heterosexuelle oder schwule Geschichten erst richtig losgehen. Zudem sind Frauen ganz wie in jeder anderen Disziplin in der Sexualwissenschaft nicht gerade das bevorzugte Objekt der Untersuchungen — vor allem wenn sie nichts mit der Befriedigung der Männer zu tun haben, sondern im Gegenteil ganz auf diese verzichten. Somit rankt sich vieles im Bereich purer Spekulation und strotzt vor Klischees. Zumeist handelt es sich um solche, wie sie über Frauen allgemein im Umlauf sind: Da geht es beim Sex sanft und einfühlsam zu, nicht geil, sondern zärtlich, alles ist soft, mütterlich, erdgebunden und aggressionslos. Darüber hinaus fragen sich dann noch viele unwissende Naivlinge, wie Sex ohne Penis überhaupt gehen kann. Das macht den Anlauf für «das erste Mal» natürlich verdammt schwer. Weder in der «Bravo» noch im Fernsehen kann die angehende Lesbe schon mal einen Vorgeschmack auf das Kommende erheischen. Sowohl Coming-Outlerinnen wie gestandenen Lesben mangelt es praktisch fast immer an erotischen Bildern zur Inspiration, zur Selbstbestätigung oder schlicht zum Masturbieren. Was kann man nun allgemein über lesbische Sexualität sagen, ohne zu verallgemeinern, einengende Regeln festzulegen oder abzuschrecken?

Keine Panik!

Frauen sexuell zu begehren ist kein Verbrechen. Es ist auch nichts Verwerfliches oder Unmoralisches und schon gar nichts, dessen man sich schämen müsste.

Milliarden Männer tun es schließlich auch! Eine andere Frau zu begehren kann, muss aber nicht bedeuten, dass man lesbisch ist. Selbst wenn man dem Begehren nachgeht und Sex mit einer Frau hat, heißt dies noch gar nichts. Man kann also ruhig schon mal mit dem Sex anfangen, selbst wenn man selbst nicht sicher über die eigene sexuelle Orientierung ist. Manchmal ist man dies schließlich ein Leben lang nicht, und dann wäre es überaus schade, so viel verpasst zu haben. Es gibt Heterofrauen, die gelegentlich oder sogar regelmäßig Sex mit anderen Frauen haben, ohne dabei eine sexuelle Identitätskrise zu erleiden. Es gibt bisexuelle Frauen, die immer wieder auch Sex mit Frauen haben. Und es gibt solche, die sich niemals entscheiden möchten, wohin sie nun eigentlich gehören. Also keine Panik, die Lust auf eine andere Frau und der Sex mit ihr gleicht nicht dem «Unterschreiben des lebenslangen Lesbenvertrages»!

Politisch korrekt oder einfach nur geil?

In den 70er-Jahren, als die Lesbenbewegung im Fahrwasser der feministischen Frauenbewegung in Deutschland den Grundstein für viele heutige Phänomene legte, gab es gerade zum Thema Sex die heftigsten Diskussionen. Viele meinten, dass Feminismus die Theorie sei, Lesbischsein die Praxis. Dabei übersahen sie natürlich, dass man nicht einfach aus einer politischen Entscheidung heraus Frauen begehren kann. Sexualität wurde vielfach negiert, denn viele Frauen, die gar nicht lesbisch waren, verbogen sich doch sehr arg und brachen sozusagen ihr Lesbischsein übers Knie. Das mochte theoretisch noch gehen, spätestens im Bett wurde es aber eine Katastrophe. Andere wiederum spürten großes sexuelles Verlangen und schämten sich, denn erst musste diskutiert, reflektiert und begründet werden. Reine Geilheit war verpönt, denn im Gegensatz zu Männern wollte man nicht so genital gesteuert wirken. Nicht Begehren, sondern politisches Bewusstsein sollte im Vordergrund stehen. Dies brachte vielen Feministinnen – mitunter übrigens auch zu Unrecht – den Ruf ein, lustfeindlich zu sein. Die Wirklichkeit sah natürlich immer anders aus.

Lesben haben immer schon – ob nun mit oder ohne feministischen Hintergrund – gevögelt, wie und mit wem ihnen zumute war. Glücklicherweise leben wir heute in einer Zeit, die sehr viel offener und lustbetonter ist, auch in Lesbenkreisen. Dennoch ist die Unsicherheit natürlich gerade vor und während des Coming-outs sehr groß. Was macht man wie, und wie mache ich es der anderen klar?

Das erste Mal

Man muss es immer wieder sagen: Keine Frau muss ihr Coming-out abgeschlossen haben oder sich offiziell als Lesbe bekannt haben, bevor sie das erste Mal mit einer Frau schläft. Es könnte sogar sein, dass es ihr nicht gefällt und sie realisiert, doch eher heterosexuell zu sein. Schließlich schlafen viele hetero- und bisexuelle Frauen auch immer wieder gerne mit anderen Frauen. Egal – hier gilt der oberste Grundsatz: Erlaubt ist, was gefällt. Doch was auch immer später passieren wird, ein erstes Mal muss schließlich irgendwie über die Bühne gehen. Das Schlimmste am ersten Mal ist übrigens gar nicht die Sache selbst, sondern vielmehr das Warten darauf. Anfangs ist es oft schwierig, die geeignete Partnerin zu finden. Geht man noch zur Schule oder ist in einer Ausbildung, vielleicht sogar irgendwo in der Provinz, glaubt man oft, die Einzige weit und breit mit dem Begehren nach anderen Frauen zu sein. Nur zu oft sind die ersten Objekte der Begierde nicht andere Lesben – weil man eben noch gar keine anderen kennt –, sondern Heterofrauen aus dem Bekannten- oder Kolleginnenkreis, die beste Freundin, von der man sich plötzlich wünscht, angefasst zu werden, oder auch ältere Autoritätspersonen, wie die Lehrerin oder die beste Freundin der Mutter. Grundsätzlich ist nichts dagegen einzuwenden, es mit diesen Frauen zu probieren. Nur sollte sich jede darüber im Klaren sein, dass es möglicherweise bei einem Mal bleibt und bei der anderen nicht zwangsläufig zum Coming-out führen muss. Auch für ältere Frauen, die bereits eine heterosexuelle Identität aufgebaut haben und nun etwas anderes wollen beziehungsweise ein spätes Coming-out absolvieren, ist «Die Erste» nicht so locker zu finden. Verfügt man über das nötige Selbstbewusstsein, kann man sich natürlich in die Lesbenszene bewegen und hat dort zumindest die größere Chance, auf eine erfahrenere Frau zu treffen. Fürs erste Mal kann es aber auch gerade gut sein, Sex mit einer Frau zu haben, die auf dem gleichen unbedarften Stand ist wie man selbst. Das hängt davon ab, nach welcher Art Erfahrung man sucht.

Der Regelfall ist sowieso wohl eher der, dass es sich bei der Sehnsucht nach dem ersten Mal auch um eine konkrete Frau handelt, mit der man es tun möchte, als um die allgemeine Lust, mal mit einer Frau Sex haben zu wollen. Wer immer die Auserwählte auch sein wird, wichtig ist, nicht zu lange zu warten. Man sollte sein sexuelles Erwachen nicht gleich mit Verzicht − aus Scham oder aus Vernunftgründen − beginnen. Auch wenn es noch so absurd scheint, das Beste ist immer «Rangehen». Selten im Leben begehrt man jemanden, der oder die nicht zumindest auch ein wenig Interesse an einem selbst hat. Und auch wenn man meint, man würde sich lieber die Zunge abbeißen, als sein Interesse zu bekunden − irgendwann muss es ja doch sein, sonst passiert nie etwas. Und es ist ein sehr gutes Gefühl, die Initiative zu ergreifen. Natürlich gibt es kein Patentrezept für das richtige «Anbaggern», für die ultimative Art, sich zu offenbaren, oder den sicheren Kniff, die Auserwählte zu verführen. Allgemein kann man lediglich sagen: Offenheit macht sich immer bezahlt. Im schlimmsten Fall erlangt man zumindest die Gewissheit, dass das Begehren zu nichts Konkretem führt, man es aber immerhin probiert hat. Falsche Scham – richtige Scham gibt es in diesem Zusammenhang übrigens gar nicht – ist immer fehl am Platze.

Sollte der Glücksfall eintreten und es kommt zum Äußersten, dem sagenumwobenen «ersten Mal», dann sollte man vor allem nichts überstürzen. Auch hier hilft Ehrlichkeit weiter, indem man ruhig offenbart, dass es sich um das erste Mal handelt. Das ist nicht so schlimm zuzugeben, wie man glaubt. Und die Sexpartnerin kann viel besser auf die Situation eingehen. Grundsätzlich kann man auch beim Sex nur einen Schritt nach dem nächsten machen. Also, nicht gleich alles wollen, sondern erst mal nachfühlen, wie weit man überhaupt gehen möchte. Vielleicht reicht ein inniges Küssen und ein bisschen Streicheln ja für ein erstes Abtasten. Beim nächsten Mal kann man dann Brüste und Möse untersuchen. Am besten, man hört auf die innere Stimme – und auf die der Partnerin natürlich: Das Wichtigste beim Sex, egal ob beim ersten oder beim tausendsten Mal, ist die Kommunikation. Reden, zeigen, anschauen, die Hände der anderen an die richtigen Stellen legen, mit dem Kopf nicken oder einen Zettel schreiben «Ich möchte, dass du mich …» können alles Mittel der Kommunikation sein.
Die Sprache des Sex, Wörter wie Möse, Ficken oder Lecken kommen einem oft nur schwer über die Lippen. Aber ist es nicht so, dass man nur tun kann, was man auch aussprechen kann? Man kann auch heimlich üben. Viele Wörter verlieren ihren Schrecken, wenn man sie nur öfter

ausspricht oder auch aufschreibt. Man kann auch auswählen, mit welchem Wort man sich am wohlsten fühlt, oder die andere fragen, wie sie Dinge benennt, und sich dann auf ein gemeinsames Vokabular einigen. Fürs erste Mal ist das ein bisschen viel verlangt – aber nichts ist unmöglich. Zum Anfang sollte man sich nicht zu viel vornehmen und immer daran denken, es ist tatsächlich nur das erste von vielen hundert Malen. Und niemals in der Geschichte der menschlichen Sexualität war der erste Sex auch der beste. Es geht nur darum, endlich loszugehen und sich auf einen langen, lehrreichen und beschwerlichen, aber auch sehr lustvollen Weg zu machen. Dabei spielt es überhaupt keine Rolle, ob man sich beim ersten Mal penetrieren lässt, das Licht vorher ausmacht, keinen Orgasmus hat oder die andere keinen hat (was beides sehr oft der Fall ist). Wichtig ist nur, sich gut zu fühlen, nicht zu heftig über eigene und andere Grenzen zu gehen und, selbst wenn es nicht so doll geklappt hat, mit Lust auf mehr aus der Situation herauszugehen.

Die nächsten 1000 Male

Wir gehen nunmehr davon aus, dass selbst bei missglückten Erstversuchen die Lust auf lesbischen Sex geweckt ist. Wie gestaltet sich lesbisches Sexualleben aber eigentlich? Die Bedürfnisse sind auch hier genauso vielfältig wie die Lesben selbst. Auch heute noch werden Mädchen, anders als Jungs, dazu erzogen, ihre Bedürfnisse nicht so stark in den Vordergrund zu stellen. Männer dürfen ruhig lustbetont, geil oder auch sexuell umtriebig sein. Frauen gelten bei gleichem Verhalten auch heute noch als «Schlampen», «Huren» und Ähnliches. Mädchen und Frauen werden zur Zurückhaltung ermahnt. Wie die meisten Dinge, die Spaß machen, gilt auch Sex oft als männliche Domäne und soll Frauen – egal ob homo oder hetero – angeblich nicht so wichtig sein. Diese Einschätzung gilt es, als überkommenen und kompletten Blödsinn einfach zu vergessen. Jede Frau sollte so viel, so oft und mit so vielen Partnern und Partnerinnen Sex haben, wie es ihr Spaß macht und möglich ist.

Leider ist es auch in Lesbenkreisen verbreitet, soziale Kontrolle auszuüben. Wer glaubt, dass homosexuelle Frauen aufgrund ihrer anderen Erfahrungen und Sichtweisen lockerer mit Sexualität umgehen, irrt leider. Moralapostel gibt es überall. Es ist schon traurig, dass man erst gegen veraltete soziale Normen angekämpft hat, nur um dann in den eigenen Reihen erneut Sturm laufen zu müssen.
Nach wie vor mahnen sich viele Frauen gegenseitig zur sexuellen Zurückhaltung. Dies kann viele Gründe haben. Die Angst vor dem «Andersartigen» sitzt bei Minderheiten oft noch tiefer. Manche meinen, sie hätten sich schließlich mühsam eine Nische erkämpft und da kommen andere und wollen einem in die Suppe spucken. Beispielsweise indem sie sich öffentlich zu Sexpraktiken bekennen wie SM, was zu weiterer gesellschaftlicher Ächtung der ganzen Gemeinde führen könnte. Viele regen sich über solche Lesben auf, die auch mal Sex mit Männern oder mit transidentischen Menschen haben. Manche ecken auch an, weil sie nach «allgemein gültigen Vorstel-

lungen» mit zu vielen Frauen Sex haben. Oder mit solchen, die man als «unpassend» oder sonst irgendwie «unlesbisch» empfindet. Politische Korrektheit im Bett wird auch Jahre nach den berüchtigten Penetrations-, SM- oder Pornodebatten in manchen Lesbenkreisen noch verlangt oder zumindest unausgesprochen vorausgesetzt.

Wichtig soll nur sein, sich um gar keinen Preis Vorschriften machen zu lassen. Ein Leben lang nur mit einer Frau Sex gehabt zu haben ist genauso viel wert wie mit Hunderten verschiedenen. Eine feste monogame Partnerschaft ist nichts Besseres als viele lockere Affären. Pornos anzuschauen ist nichts Männliches und Kuschelsex nichts Lächerliches. SM ist keine Gewalt, und Dildos sind nicht stellvertretend für uneingestandene Heterosexualität. Weder von homophoben Heteros noch von intoleranten Lesben sollte man sich erzählen lassen, was gute oder schlechte Sexualität ist. Die individuelle Lust und nichts weiter sollte darüber entscheiden, wie eine Lesbe ihr Sexualleben füllt.

Erlaubt ist, was gefällt

Herauszufinden, worauf man eigentlich sexuell steht, dauert im Grunde ein Leben lang. Und das ist gut so! Sexualität ist Veränderungen unterworfen. Das hat auch mit der physischen Befindlichkeit zu tun: Mit 18 hat man zum eigenen Körper ein anderes Verhältnis als mit 80. Man kann krank oder körperbehindert werden, was unter Umständen dazu führen kann, seine gesamte Sexualität verändern zu müssen. Und man kann den Geschmack ändern.

Jede neue Sexpartnerin kann den sexuellen Horizont erweitern und neue Empfindungen ermöglichen. Was man sich mit der einen Frau vielleicht nie vorstellen konnte – wie vielleicht das Benutzen von Dildos –, scheint mit einer anderen die natürlichste Sache der Welt zu sein. Eine Zeit lang fühlt man sich vielleicht in einer passiveren Rolle wohler, in anderen Phasen findet man mehr Befriedigung als aktivere Geliebte. Hat man vielleicht jahrelang behauptet, eher leise beim Sex zu sein, so könnte plötzlich lautes Geschrei aus einem herausbrechen. Wollte man früher unbedingt nur abends Sex haben, wacht man eines Tages schon morgens mit wildem Begehren auf. Konnten härtere Spielarten wie Fesseln einem früher nur Angst einjagen, gerät man vielleicht an eine Partnerin, mit der man ganz neue Wege beschreiten kann. Schön, wenn sich das eigene sexuelle Repertoire erweitert! Mal hat man mehr Orgasmen, mal weniger, mal gar keinen. Keine Sexpraktik ist schlechter als eine andere.

Sex ist ähnlich wie Essen. Man kann nicht jeden Tag das Gleiche kochen, und selbst das Lieblingsgericht kann nicht täglich mit großem Appetit verspeist werden. Mal isst man mehr, mal weniger, mal viel Süßes, dann wieder eine Weile mehr Gemüse, man hat «Sahnesaucephasen» oder manchmal Heißhunger auf fettige Pommes frites.

Erlaubt ist eben, was gefällt! Das heißt vor allem: sich nicht in feste Rollen pressen zu lassen. Es gibt keine ewig aktiven oder immer passiven Sexpartner, auch wenn die Heterowelt immer noch glaubt, eine würde den «Mann spielen» und immer oben liegen und penetrieren, während die «Frau» eben passiv alles über sich ergehen lässt.

Weder die Umwelt noch die Geliebte, die beste Freundin oder die Expartnerin haben ein Recht darauf, einem sexuelle Vorschriften zu machen. «Aber du hast doch immer gesagt», «Früher hast du nie», «Ich finde das obszön!» oder «Als wir noch zusammen waren, hast du darauf ja auch nicht gestanden». Ehe man sich einschränken und letztlich unterdrücken lässt, sollte man sich lieber neue Freunde und Freundinnen, im Zweifel auch eine neue Geliebte suchen.

Die Praxis

Der Körper mit seiner Ausstrahlung, seinen Formen, seinem Geruch und seinen Bewegungen ist sowohl als Ganzes wie auch in allen Einzelheiten für das sexuelle Interesse und die Erotik für Lesben genauso wichtig, wie das bei Schwulen oder bei Heteros der Fall ist. Ob Lesben nun genauer auf den Arsch, auf die Brüste, auf die Beine oder die schönen Augen achten, ist unterschiedlich und tut im Grunde nichts zur Sache. Wichtig ist, dass jede herausfindet, worauf sie abfährt, und sich selbst erlaubt, dies auch auszuleben – egal was es ist. Vom Fetischismus für Leder, SM oder Sex in der Öffentlichkeit bis zum sprichwörtlichen zaghaften Kuschelsex reicht die Bandbreite lesbischer Sextechniken.

Neben den primären und sekundären Geschlechtsorganen, also Möse und Brüsten, gelten die Hände als *das* lesbische Sexorgan. In der Tat ist es so, dass sehr viele Lesben ihre Hände stark im sexuellen Einsatz haben. Neben Dingen wie Streicheln, Kraulen und dergleichen ist das Anfas-

sen der Möse sicher eine der wichtigsten lesbischen Sex-
handlungen. Sei es um auch hier zu streicheln, um die
Klitoris zu stimulieren oder um mit einem Finger, mehreren bis hin zur ganzen Hand zu penetrieren. Weitere
wichtige Werkzeuge sind der Mund und die Zunge. Und
das nicht nur zum Küssen, sondern auch um Sensationen
am ganzen Körper mit der Zunge, wie zum Beispiel an
Brustwarzen und der Möse, hervorzurufen. Lesben benutzen natürlich auch den gesamten Körper, um beispielsweise Tribadie, das lustvolle Aneinanderreiben, in allen
Stellungen auszuüben. Ebenso sind Sexspielzeuge aller Art
in lesbischen Schlafzimmern anzutreffen. Vom Klassiker
«Dildo», mal zum Umschnallen, mal nicht, über Vibra-
toren, Hand- und Fußfesseln, Tücher, um Augen oder
Mund zuzubinden, Analplugs (Stöpsel zur analen Penetration), Massageöle – und wohl das Meistgenutzte und oft
Wichtigste überhaupt: Gleitgel. Sobald man penetriert,
egal, ob vaginal oder anal, und egal, womit, sollte Gleitgel
im Spiel sein. Manche meinen ja, die Benutzung geschehe
nur in der Not, wenn eine Frau trotz sexueller Erregung
nicht feucht genug wird. Aber was heißt schon genug?
Für ein besseres Gleiten – und darum geht es ja schließlich
– ist Gleitgel einfach praktisch und macht viele Techniken
angenehmer. Grundsätzlich wird auch gerne der ganze
Haushalt ins Liebesspiel mit einbezogen. Das kann der
Küchentisch sein, der manchmal einfach durchtriebener
als das immer gleiche Bett wirkt, das kann aber auch der
Kühlschrankinhalt von Gurke bis Sekt sein. Natürlich gibt
es auch viele Lesben, die auf sexuelle Rollenspiele oder
auf Sadomasochismus stehen. Manche immer, manche

nur manchmal. Man findet Freundinnen von Sklavenspiel-
chen, Liebhaberinnen von Nadeln und Blutspielen oder
vom Spiel mit Urin. Manche haben erotische Bindungen
zu ihren Tieren, und andere leben komplett und bewusst
– zumindest zeitweise – asexuell.

Eklig, peinlich, pervers und phantasievoll

Grundsätzlich tun Lesben alles, was Spaß macht – auch sexuell. Sie tun aber auch alles, was peinlich ist, und alles,
was als eklig empfunden werden könnte. Sie masturbieren, haben Sex zu mehreren, lesen erotische Literatur und
Pornos, gehen auf Sexpartys, haben Sex auf der Toilette,
in Fahrstühlen, im Kino und unterm Büroschreibtisch. Sie
haben Sexphantasien, mögen derbe Sprache beim Sex
oder haben Sex mit Frauen, die sie hinterher schrecklich
finden. Sie gehen total betrunken mit einer Eroberung
nach Hause und wissen am nächsten Tag nicht mehr, was
geschehen ist. Sie nehmen Drogen und schlafen dann
beim Sex ein. All das können Lesben sein, und all diese
Lesben gibt es.

Lesbischer Sex ist nicht besser als schwuler oder Heterosex.
Auch in ihren Phantasien sind Lesben nicht die «braveren
Mädchen». Scham und die schon angesprochenen lesbischen Regeln sorgen dafür, dass viele niemals über ihre ge-
heimen Gedanken beim Sex reden. Niemand erzählt seine
Sexphantasien einfach so der nächstbesten Person in der
Schlange im Supermarkt. Aber auch hier würde ein bisschen weniger Scham und das Wissen darum, absolut
nicht unnormal oder gar pervers zu sein, zu sehr viel mehr

Souveränität verhelfen. Zumindest sollte man sich darüber im Klaren sein, dass meist auch alle anderen Menschen, und auch alle anderen Lesben, Phantasien dieser Art haben. Viele glauben, ihre Sexphantasien sind einzigartig «daneben», weil beispielsweise oftmals Männer und Schwänze darin vorkommen. Witzigerweise haben sehr viele Lesben solche Phantasien. Das kann man überprüfen, indem man Freundinnen des Vertrauens einfach befragt. Viele glauben deshalb im Grunde ihres Herzens doch keine echten Lesben zu sein. Außerdem gibt es die diffuse Angst, mit diesen Gedanken eine Art «Verrat an der Innung» zu begehen und zur Strafe vielleicht aus der Familie ausgestoßen zu werden. Glücklicherweise ist die lesbische Community nicht die katholische Kirche, und die Gedanken sind frei. Phantasien zeichnen sich eben dadurch aus, nicht real gelebtes Leben zu sein. In einer «schwanzdominierten» Gesellschaft sind viele sexuelle Gefühle und Reize untrennbar mit Männern und Penissen verbunden, sodass auch Lesben mitunter zwangsläufig auf solche Bilder zurückgreifen. Das heißt noch lange nicht, dass eine weniger lesbisch ist oder sich im Grunde nach Männern sehnt. Genau wie Träume von Katastrophen, in denen man heldenhaft von seiner Traumfrau errettet wird, noch nicht bedeuten, man möchte wirklich ein Erdbeben erleben.

Deshalb sollten sich alle entspannen und ruhig weiter ihre heterosexuellen, schwulen, transidentischen, gewalttätigen oder sonstigen Bilder benutzen, um sich den erotischen Kick zu verschaffen. Zu dieser Entspannung kann der Austausch mit Freundinnen oder Geliebten enorm beitragen. Keine ist mit ihren erotischen Gedankenbildern alleine, auf der lesbischen Welt, ein wenig Kommunikation darüber hilft nicht nur, Scham abzubauen, sondern kann auch die erotische Stimmung für weitere Aktivitäten schaffen, wenn man z. B. solche Phantasien in hübschem Ambiente der Sexpartnerin erzählt.

Ein weiteres Tabu ist SM. Niemand weiß so genau, wo Sadomasochismus eigentlich anfängt, aber die meisten sind sich einig darüber, dass es irgendwie pervers ist und natürlich mit Gewalt zu tun hat. Es gibt viele Lesben, die auf SM stehen oder zumindest ab und zu auf einige SM-Praktiken. Hier wird bereits klar, wie unsinnig im Grunde die Unterscheidung ist. Oft müssen sich Lesben, die zugeben, auf «härteren Sex» oder auf Sex mit Schmerz oder Rollenspielen zu stehen, rechtfertigen, weil auch dies, wie so vieles andere, als männlich, machtgeil, brutal oder «unlesbisch» gilt.

Auch hier gilt erneut: Keine Form von Sex, die einvernehmlich passiert, stellt Gewalt dar. Jeder Sex, der den Beteiligten Spaß macht, ist guter Sex.

Safer Sex

Abschließend noch etwas zum Thema Safer Sex: Es geht nicht um ein als gesellschaftlich richtig oder falsch anerkanntes Verhalten, sondern um das individuelle Bedürfnis. Fakt ist: Es gibt Lesben, die HIV-positiv sind. Will man sich grundsätzlich schützen – absoluten Schutz vor der Übertragung des Virus gibt es sowieso nicht –, sollte man bei der Penetration mit den Händen Latexhandschuhe benutzen und beim Oralsex Latexlappen, so genannte «Dental Dams», oder stabile Frischhaltefolie zwischen Zunge und Möse oder Arsch legen. Sexspielzeug ist grundsätzlich nur in sauberem Zustand zu benutzen und beim Wechsel der Körperöffnungen immer zu reinigen oder mit einem neuen Kondom zu versehen. So wird auch die Übertragung von anderen Geschlechtskrankheiten und Viren vermieden.

Das Ansteckungsrisiko mit dem HI-Virus bei lesbischem Sex ist bisher beinahe unterhalb der Nachweisgrenze, also sehr viel geringer als bei allen anderen Konstellationen. Deshalb scheint es nach vielen Jahren mit Aids und HIV etwas fragwürdig, hier unbedingt zur Vorsicht zu mahnen. Vielleicht eher zu einem «aktiven Bewusstsein». Wer möchte, kann einen HIV-Test machen und hat somit zumindest über den eigenen Zustand Klarheit. Von einer anderen Frau kann man allerdings nur schwerlich verlangen, ebenfalls einen Test zu machen, nur um im Zweifel Safer Sex vermeiden zu können. Denn ganz schnell hat einen hier eine fiese Moralfrage eingeholt: Wenn eine behauptet, negativ zu sein, sagt sie die Wahrheit? Und wenn man regelmäßig Sex mit ihr hat und sie ändert ihr Sexverhalten, wie ist das zu verstehen? Zum Beispiel: Man hat nie Safer Sex gemacht, jetzt will sie aber. Heißt das, sie war mit jemand anderem im Bett? Hat sie gelogen und ist doch positiv? Hat sie kürzlich herausgefunden, doch positiv zu sein, und hatte vorher nie einen Test gemacht? Glaubt sie, die andere könnte doch gelogen haben und in Wahrheit positiv sein, weil sie eine Affäre mit einer hatte, der man eher zutraut, positiv zu sein? Ehe man sich das

Hirn zermartert und in Lügen und Misstrauen verstrickt, sollte man klar entscheiden, ob man selbst wissen möchte, ob man dem HIV-Virus schon mal ausgesetzt war und somit die entsprechenden Antikörper gebildet hat. Denn genau das und nichts anderes sagt der HIV-Test zunächst aus. Nicht, wie risikoreich jedes weitere Mal Sex sein wird, und auch nicht, wo man sich infiziert hat. Und sollte die Wahrscheinlichkeit bestehen, tatsächlich positiv zu sein, sollte man sicher sein, ein solches Ergebnis auch emotional verkraften zu können. Bei dem geringen Risiko, sich beim lesbischen Sex mit dem HI-Virus zu infizieren, muss man sich gut überlegen, ob Test und Safer Sex für einen selbst angebracht sind.

Auf der sicheren Seite ist man auf jeden Fall, indem man einfach mit jeder Partnerin immer Safer Sex praktiziert – so hat man sich und anderen nie etwas vorzuwerfen. Wer das möchte und durchhält, hat damit eine klare Entscheidung getroffen. Andere sind sich unsicher und schätzen sich und andere so ein, dass es im Eifer des Gefechts, in der frischen Verliebtheit oder auch aus falscher Scham, die andere könnte komische Fragen stellen, nicht immer durchgehend safer abgeht. Jede sollte sich darüber im Klaren sein, wie sie Sex praktizieren will. Darüber sollte sie auch mit der Partnerin sprechen.

7: Ich bin wie du!

Über den Mangel an lesbischen Vorbildern und Idolen

Ich bin die einzige Lesbe auf der Welt! So denken viele am Beginn ihres lesbischen Lebens. Kein Wunder, denn Lesben, die in der Öffentlichkeit stehen, gibt es kaum. Auch im weiteren Bekanntenkreis muss man Glück haben, andere Lesben zu kennen, wenn man nicht oder noch nicht in Szenekreisen verkehrt. Schnell kommt da das Gefühl auf, tatsächlich die einzige auf weiter Flur zu sein, wenn man noch nicht mit einschlägigen Medien, Treffpunkten und Massenaufläufen wie beispielsweise einem CSD, wo man locker 50 000 andere Lesben treffen kann, vertraut ist. Während Heteros und auch Schwule jede Menge prominenter Persönlichkeiten haben, an denen sie sich orientieren können und die als mögliche Vorbilder dienen, sieht die lesbische Idollandschaft überschaubar und geradezu mager aus.

Woran liegt das eigentlich? Trauen sich tatsächlich so viele Lesben nicht, zu ihrer sexuellen Orientierung zu stehen? Leider muss man diese Frage mit einem deutlichen «Ja» beantworten. Obwohl auch schwule Männer es nicht immer einfach haben und Diskriminierungen und Benachteiligungen ausgesetzt sind, gibt es doch eine große Zahl offen schwuler Politiker, Schauspieler, Sänger, Fernsehstars oder Sportler. Alles Leute, zu denen Jungschwule aufblicken können und die ihnen das Gefühl geben «Na, wenn der so ist, kann es gar nicht so schlimm sein».

Immerhin haben diese Prominenten Erfolg, gesellschaftliche Anerkennung und genießen Ehre, Ruhm, Einfluss, Macht oder Reichtum. Vorzüge, die Frauen sowieso seltener zugänglich sind als Männern. Unangepasste Frauen, die nach diesen vermeintlich männlichen Dingen streben, müssen die besseren Männer sein – etwa wie Margaret Thatcher oder Angela Merkel, die sich um den Preis der Macht total entweiblichen und sich auch so verhalten, als seien sie im Grunde Männer. Oder aber erfolgreiche und angesehene Frauen müssen schlicht sexy sein, willig wirken und dem gewünschten Bild der Öffentlichkeit entsprechen. Überflüssig zu sagen, dass Lesben dies allein schon aufgrund der Tatsache, dass sie Männern eben nicht sexuell zur Verfügung stehen, nicht tun. So sind natürlich viele Frauen, die genau diesen Bildern entsprechen, erfolgreiche Fotomodels oder Fernsehmoderatorinnen beispielsweise Lesben, geben dies aber um keinen Preis in der Öffentlichkeit bekannt.

Während ein Guido Westerwelle, Alfred Biolek, Hape Kerkeling, Elton John oder Jean-Paul Gaulthier offen mit ihrem Schwulsein umgehen und dabei keinerlei «Männlichkeitsverlust» erleiden, fürchten Frauen um Ruf und Karriere. Beispiele von Prominenten, die sich öffentlich «bekannt» haben, haben allerdings gezeigt, dass es mit nichten so sein muss wie befürchtet. Denken wir nur an die spektakulären Coming-outs von Ulrike Folkerts, k. d. lang oder Ellen DeGeneres. Keine der Genannten musste ihre Karriere beenden, als sie verkündete, dass sie lesbisch ist. Im Gegenteil, in der Regel sagen auch Prominente, genau wie «normale Sterbliche», wie froh sie waren, als das

Versteckspiel endlich ein Ende hatte. Erinnern wir uns an das große Coming-out von Popstar George Michael, der immer bestritten hatte, schwul zu sein, und schließlich «in flagranti» von der Polizei in den USA in einer Herrentoilette erwischt wurde. Nachdem Leugnen zwecklos war, trat er die Flucht nach vorn an und machte einen seiner besten Songs mit einem provokanten Videoclip zum Thema Coming-out namens «Outside». Im Nachhinein erklärte Michael des Öfteren, wie froh er war, endlich und überall er selbst zu sein und endlich auch seinen Freund offiziell zu diversen Anlässen als Begleiter dabeihaben zu dürfen. Oder das Medienspektakel des «Ellen-Coming-outs». Die US-Komikerin Ellen DeGeneres hatte beschlossen, in ihrer eigenen TV-Serie «Ellen», in der sie die Hauptrolle spielte, die Figur zeitgleich mit der Privatperson Ellen zu outen. Die berühmte Coming-out-Folge hatte nicht nur eine der höchsten Einschaltquoten von Fernsehserien dieser Art in den USA überhaupt, auch wurden im ganzen Land Partys gefeiert, und die schwul-lesbische Community hatte eine neue Heldin. Ellen war in allen Schlagzeilen. Endlich war eine Lesbe, eine beliebte und bekannte obendrein, sehr stark und positiv ins öffentliche Bewusstsein gerückt.

Kill your Idols?

Wenn Leute meinen, sie brauchten keine Vorbilder, keine Prominenten, keine Idole – dann schwindeln sie meist. Niemand fühlt sich gerne als Fan, als devotes Groupie, das dumpf irgendeinen Star anschmachtet. Aber hat nicht beinahe jeder Mensch eine Lieblingsfernsehsendung, weil da jemand Bestimmtes mitspielt, ein Foto, das besonders gut gefällt, einen «Tagesschau»-sprecher, über den man erfreut ist, wenn er wieder dran ist, oder eine Politikerin, die man besonders gern reden hört? Auch wenn die wenigsten natürlich meinen, sie wären gerne genauso wie Claudia Schiffer, James Dean oder Cher, findet man an diesen Leuten etwas sympathisch, erotisch, witzig oder ganz originell. Deshalb mag man sie, ohne sie persönlich zu kennen. Man muss dafür keine lebensgroßen Poster in Teenie-Manier aufhängen. Aber man sieht sich gerne Filme mit ihnen an, reagiert auf Werbung, die sie machen, kauft ihre Platten oder wählt ihre Partei. Egal ob es nun einflussreiche Philosophinnen, Wissenschaftlerinnen, Abenteurerinnen, erfolgreiche Sportlerinnen oder waghalsige Umweltaktivistinnen sind, zu bestimmten Menschen blickt man auf und orientiert sich an ihnen als Rollenvorbild.

Und wie gut tut es einer Lesbe erst, wenn eine solche «Heldin» auch eine «Betroffene» ist. Eine solche Bestätigung des eigenen Lebensstils ist ungeheuer wichtig für alle Minderheiten. Denken wir nur an die Begeisterung für schwarze Sport-«Helden», wie beispielsweise die Australierin Cathy Freeman. Die von Aborigines abstammende Sprinterin genießt in ihrer Heimat ein Superstarimage, eben weil sie der immer noch unterdrückten farbigen Minderheit der Ureinwohner angehört. Auch Leute, die sich ansonsten nicht für Leichtathletik begeistern können, fiebern bei ihren Läufen mit, weil sie für mehr steht als nur für sportliche Leistung. Angehörige von diskriminierten Minderheiten werden von ihrer «Community» mangels Masse schnell zu Helden erhoben. Hier geht es um eine politische Dimension, um eine Überzeugung, die mitschwingt, und den offensichtlichen Beweis, dass Menschen einer bestimmten minderbewerteten Herkunft oder eben auch einer als «unnormal» geltenden sexuellen Orientierung genauso zu Stars werden können, Massen begeistern und all das erreichen, was der gemeinen Lesbe auf der Straße vielleicht ein Leben lang vorenthalten bleibt.

Wie alle Menschen suchen eben auch Lesben ihre Spiegelbilder im gesellschaftlichen Leben und brauchen das Gefühl, «da läuft eine von uns» oder «da bekommt eine Lesbe einen Oscar». Für ein gesundes Selbstbewusstsein ist es unbedingt erforderlich, die eigenen Befindlichkeiten und Wertvorstellungen irgendwo in der Gesellschaft widergespiegelt zu sehen.

Berühmte Frauen, die (mindestens einen Teil ihres Lebens) lesbisch gelebt haben

- Anita Berber, Tänzerin
- Bettina Böttinger, TV-Moderatorin
- Chastity Bono, lesbische Aktivistin, Tochter von Cher
- Rita Mae Brown, Schriftstellerin
- Tracy Chapman, Sängerin
- Königin Christine von Schweden, Königin
- Marlene Dietrich, Schauspielerin
- Melissa Etheridge, Sängerin
- Katharina Franck, Sängerin

- Ulrike Folkerts, Schauspielerin
- Jodie Foster, Schauspielerin
- Ani DiFranco, Sängerin
- Greta Garbo, Schauspielerin
- Ellen DeGeneres, Schauspielerin
- Therese Giehse, Schauspielerin
- Marla Glen, Sängerin
- Nan Goldin, Fotografin
- Sophie B. Hawkins, Sängerin
- Anne Heche, Schauspielerin
- Hannah Höch, Künstlerin
- k. d. lang, Sängerin
- Käthe Kollwitz, Künstlerin
- Maren Kroymann, Schauspielerin
- Selma Lagerlöf, Schriftstellerin
- Annie Leibovitz, Fotografin
- Erika Mann, Schriftstellerin
- Conchita Martinez, Tennisprofi
- Amélie Mauresmo, Tennisprofi
- Gianna Nannini, Sängerin
- Martina Navratilova, Tennisprofi
- Eleanor Roosevelt, Politikerin
- Vita Sackville-West, Schriftstellerin
- Mathilde Santing, Sängerin
- Sappho, Dichterin
- Christina Schenk, Politikerin MdB
- Jenny Shimuzu, Fotomodell
- Skin, Sängerin
- Hella von Sinnen, Schauspielerin
- Annie Sprinkle, Pornostar

- • Barbara Stanwyck, Schauspielerin
- • Gertrude Stein, Schriftstellerin
- • Lily Tomlin, Schauspielerin
- • Monika Treut, Filmregisseurin
- • Inge Viett, ehemalige RAF-Aktivistin
- • Claire Waldoff, Sängerin
- • Virginia Woolf, Schriftstellerin

Der Hella-von-Sinnen-und-Ulrike-Folkerts-Effekt

Mangels Masse sind die wenigen lesbischen Prominenten auch die Super-Megastars für die ganze Familie. Ein Bild von k. d. lang oder Martina Navratilova findet sich beinahe in jedem lesbischen Haushalt. Nicht, weil alle sie wirklich so toll finden, sondern vielmehr, weil Lesben halt auch ihre Stars an der Wand hängen haben möchten. In Deutschland gibt es im Grunde nur drei wirklich prominente Lesben, die auch von der heterosexuellen Bevölkerung als solche benannt werden könnten: Hella von Sinnen, Maren Kroymann und Ulrike Folkerts. Wer auf die nicht steht, hat eben Pech gehabt! Zumeist ist aber das Gegenteil der Fall, denn alle haben sie eine üppige lesbische Fangemeinde. Nicht dass ihnen dies nicht zu gönnen wäre, doch tritt bei so wenigen Promis, die die lesbische Gemeinde zur Verfügung hat, natürlich der Effekt ein, dass einfach alles, was sie tun, praktisch Kultstatus erhält. Wo immer Ulrike Folkerts auftaucht, sind ihre lesbischen Fans schon da. Wann immer eine «Tatort»-Folge mit ihr läuft, hockt die Gemeinde brav vor der

Glotze – und wir können mit Sicherheit davon ausgehen, dass die wenigsten davon Krimifans sind. Noch verrückter ist es beim Damentennis. Seit in den 70er-Jahren die US-Amerikanerin und bis dahin erfolgreichste Tennisspielerin aller Zeiten Billy Jean King offen zu ihrem Lesbischsein stand, bildet das professionelle Damentennis *das* Lesben-Eldorado (inoffiziell übrigens dicht gefolgt vom Profigolf in den USA). Im Fahrwasser von Superstar Martina Navratilova tummeln sich in Wimbledon und auf anderen internationalen Turnieren die Lesben sowohl auf dem Tennisplatz wie auch zu Tausenden im Publikum. Dass nun gerade Lesben besondere Tennisfans sind, ist zu bezweifeln, denn als Sport ist Tennis sicher genauso interessant für Lesben wie Skilaufen oder Leichtathletik. Der Grund für die riesige lesbische Tennisfangemeinde, die ihren Stars auch gnadenlos von Turnier zu Turnier hinterherreist, sind die offenen und zudem noch erfolgreichen Lesben, die sich hier einer Weltöffentlichkeit präsentieren und dabei eine gute Figur machen. Sie sind die rare Spezies lesbischer Superstars. Nach ihnen kann man aus sicherer Entfernung schmachten, und über sie kann man in Zeitungen lesen, sie im Fernsehen genießen, und durch sie wird das eigene Lesbischsein nicht nur erträglicher und normaler, es erhält auch einen geradezu glamourösen Anstrich. Die Courage der offen lebenden Lesben setzt ein Beispiel und gilt als vorbildhaft. Natürlich haben manche prominente Lesben auch Angst vor der Vereinnahmung durch eine hungrige Lesbenszene, die sich auf jede «neue» stürzt und zum Schlachtross der Bewegung erheben will. Viele möchten nicht, dass ihr Lesbischsein zu sehr im Vordergrund steht und ihre künstlerische oder sportliche Leistung darüber ins Hintertreffen gerät. Doch sind wir mal ehrlich: Das Privatleben prominenter Persönlichkeiten interessiert die Öffentlichkeit nun mal, egal welcher sexuellen Orientierung die Stars sind. Und wer Ruhm und Glanz ernten will, sollte dies mit seiner ganzen Persönlichkeit tun, nicht nur mit dem vermeintlich gesellschaftskonformen Teil.

Outing – das unfreiwillige Bekenntnis

Im Gegensatz zum Coming-out ist das Outing eine von außen herbeigeführte Offenbarung über die eigene Person. Während das Coming-out die persönliche bewusste Entscheidung bezeichnet, zur eigenen Homosexualität entweder nur für sich selbst oder auch anderen gegenüber zu stehen, ist Outing die unfreiwillige öffentliche Bekanntgabe der Homosexualität einer Person. Der Begriff entstand in den 80er-Jahren in den USA, wo Journalisten und schwule Aktivisten von einflussreichen Persönlichkeiten des öffentlichen Lebens forderten, sich endlich öffentlich dazu zu bekennen, schwul oder lesbisch zu sein. Gerade bei Politikern und Politikerinnen wurde dies als Druckmittel benutzt, um oftmals homofeindliche Einstellungen als Tarnung der eigenen Homosexualität zu entlarven. Auch um den besagten Mangel an Vorbildern für junge Schwule und Lesben zu beheben und anzuzeigen, dass es sehr viel mehr Homosexuelle gibt, als gemeinhin angenommen wird, gibt es immer

wieder Forderungen nach dem Coming-out von Prominenten. Andernfalls wird damit gedroht, ihre Homosexualität öffentlich bekannt zu machen – ob sie nun wollen
oder nicht.

Berühmtester Fall ist vielleicht Jodie Foster, die mehrfach
unter Druck gesetzt wurde, sich endlich zu ihrem Lesbischsein zu bekennen. Vor allem anlässlich der Oscarver-
leihung an sie für ihre Rolle in «Das Schweigen der Läm-
mer» in den frühen 90er-Jahren. Dieser Film, der massive
Proteste von Schwulen- und Lesbenorganisationen in den
USA hervorrief, geriet wegen seiner klischeehaften Art,
einen homosexuellen und transvestitischen Massenmör-
der zu zeigen, in die Kritik. Die protestierenden Organisationen riefen Jodie Foster auf, sich als Lesbe zu bekennen
und sich von dem Film zu distanzieren, ansonsten würde
man für die Öffentlichmachung ihres Lesbischseins sorgen. Passiert ist allerdings gar nichts! Weder bekannte
Jodie sich, noch wurde sie geoutet. Lediglich die Debatte
um das Für und Wider von Outing erreichte ihren Höhe-
punkt.

Wer sich nicht schämt ...

Heutzutage ist die Diskussion um Outing weitgehend ab-
geebbt, und die Meinung, dass es allen Menschen selbst
überlassen werden sollte, sich zu ihrer Homosexualität zu
bekennen, hat die Oberhand gewonnen. Outing-Befür-
worter meinen aber nach wie vor, dass man hier eine
große Chance hätte, auch konservativen Kräften durch das
Sichtbarmachen von Homosexualität in den eigenen Rei-

hen den Wind aus den Segeln zu nehmen. Zudem würden sich so manche Schwulen- und Lesbenfeinde vielleicht wundern, wer von ihren Idolen und Vorbildern vielleicht auch «dazugehört». Der Weigerung von Prominenten, sich zur eigenen Homosexualität zu bekennen, scheint oft ein gewisses Schamgefühl zugrunde zu liegen. Für andere Lesben und Schwule, die offen mit ihrer Homosexualität umgehen, ist dies natürlich ein Affront. Diese Haltung ist ebenfalls nicht dazu angetan, das Coming-out, gerade von den vermeintlich unsichtbaren Lesben, zu erreichen. Obwohl, wie gesagt, kaum ein Prominenter je Schwierigkeiten nach seinem oder ihrem Coming-out hatte, winden und verbiegen sich viele Promi-Lesben, um bloß nicht mit der Wahrheit herausrücken zu müssen. Den Ruf nach Outing kann man vielen Lesben nicht verdenken, auch wenn es als massiver Eingriff in das – wenn auch sonst nicht gerade geschützte – Privatleben von Promis eingreift. Warum eigentlich können Stars nicht dazu stehen, wenn es die Bankangestellte, die Kellnerin oder die Studentin doch auch kann? Wer hat letztendlich eigentlich mehr zu verlieren?

Berühmte Frauen, denen gern lesbische Lebensabschnitte nachgesagt werden, die sich aber nie ganz dazu bekannt haben

- • Mo Asumang, TV-Moderatorin
- • Drew Barrymore, Schauspielerin
- • Coco Chanel, Modedesignerin

- Joan Crawford, Schauspielerin
- Angela Davis, Bürgerrechtlerin
- Judy Garland, Schauspielerin
- Gina Gershon, Schauspielerin
- Helga Hahnemann, Kabarettistin
- Marianne Hoppe, Schauspielerin
- Whitney Houston, Sängerin
- Janet Jackson, Sängerin
- Joan Jett, Sängerin
- Mireille Matthieu, Sängerin
- Kelly McGillis, Schauspielerin
- Dolly Parton, Sängerin
- Jil Sander, Modedesignerin

Jede ist ihr eigenes Idol

Natürlich ist keine Lesbe auf irgendwelche Stars angewiesen, ja nicht mal auf andere Lesben. Um couragiert durchs Leben zu gehen, reicht das Vorbild anderer couragierter und aufrechter Mitmenschen. Diese können unliebsame politische Meinungen vertreten oder einfach ungewöhnliche Dinge tun und dafür, auch um den Preis einer eventuellen sozialen Isolation, einstehen. Und schließlich sind die Vorbilder im Leben, die einen wirklich weiterbringen, beeinflussen und auf neue Ideen bringen, selten Popstars oder Lieblingsschauspielerinnen, sondern Leute zum Anfassen.

Die coole Lehrerin beispielsweise, die auch ungewohnte Sichtweisen fördert. Oder die große Schwester, die allen Widrigkeiten zum Trotz eigenwillig durchs Leben geht.

Die Nachbarin, die so wunderbar über bestimmte Bücher sprechen kann. An solchen Menschen orientiert man sich im Leben und geht den eigenen Weg.

Als Lesbe den eigenen Weg zu gehen bedeutet auch immer, sich mit der Tatsache auseinander zu setzen, einer Minderheit anzugehören. Es heißt unter Umständen in Kauf zu nehmen, von gewissen gesellschaftlichen Annehmlichkeiten ausgenommen zu sein, weil man keinen Mann an seiner Seite vorweisen kann oder weil man ein Typ Frau ist, der nicht so gefragt ist oder weil man auf Männer grundsätzlich anders reagiert als Heteros und damit in gewissen Kreisen Unmut erzeugt. All dies kann man versuchen zu verbergen, man kann sich verstellen und ein Spiel mitspielen, bei dem man sich nie authentisch in seiner Haut fühlen wird. Es ist ein gutes Gefühl, ich selbst zu sein und damit auch anderen Mut zu machen, ebenfalls zu dem zu stehen, was sie sind. Es könnten auch Lesben dabei sein, die sich endlich zu einem Coming-out ermutigt fühlen. Und ehe man sich versieht, wird man zum «Idol» seiner Mitschülerin oder seiner Nachbarin, seiner Cousine, der Kollegin oder auch nur der Frau auf der Straße, die einem Lesbenpaar hinterhersieht und für einen kurzen Moment von der ehrlichen Ausstrahlung beeindruckt ist.

Früher gab es den Slogan innerhalb der Lesbenbewegung: «Wir sind überall und wir sind viele». Nach diesem Lebensgefühl dürsten auch heute noch viele Lesben: überall auf ihresgleichen zu treffen und das Gefühl zu haben, wenn schon nicht viele, dann aber doch zumindest einige zu sein und dies auch im öffentlichen Leben zu spüren.

Denn auch fünf bis zehn Prozent der weiblichen Bevölkerung müssen schließlich irgendwann und irgendwo in Erscheinung treten.

Heterosexuelle Lesbenidole

- Gillian Anderson, Schauspielerin
- Jeanne d'Arc, Revolutionärin
- Jamie Lee Curtis, Schauspielerin
- James Dean, Schauspieler
- Catherine Deneuve, Schauspielerin
- Amelia Earhart, Pilotin
- Nina Hagen, Sängerin
- Rosa Luxemburg, Politikerin
- Madonna, Sängerin
- Brad Pitt, Schauspieler
- Elvis Presley, Sänger
- Romy Schneider, Schauspielerin
- Sharon Stone, Schauspielerin
- Sigourney Weaver, Schauspielerin
- Bruce Willis, Schauspieler

8: Politische Dimensionen lesbischen Lebens

Wie alles begann

Am 27. Juni 1969 wurde in der New Yorker Christopher Street der Grundstein für die neue schwule, lesbische, bisexuelle und transgender Bewegung gelegt, wie wir sie heute kennen. Auch wenn die Pazifistinnen unter uns dies nur ungern zugeben, es begann mit Gewalt: Gegen eine homophobe Polizei wurden Flaschen und Steine geworfen, und man errichtete Barrikaden. 500 Menschen trieb die Polizei zunächst in die Flucht, die Unruhen mündeten in eine mehrtägige ausgewachsene Straßenschlacht, die zur Legende wurde. Dieser Aufruhr richtete sich gegen die Polizei als Vertreter eines Systems, in dem für Tunten und Transen, Lesben und Schwule, für Unangepasste und Andersdenkende kein Platz war. Damals war es an der Tagesordnung, Razzien in von Homosexuellen besuchten Lokalen durchzuführen, einige Gäste auf die Wache mitzunehmen, zu demütigen oder ihnen Gewalt anzutun. Es gab absurde Gesetze, denen zufolge man eine bestimmte Anzahl Kleidungsstücke, die dem eigenen biologischen Geschlecht angemessen waren, zu tragen hatte. Wer als Butch oder als Tunte zu viel «gegengeschlechtliche» Klamotten am Leibe hatte, machte sich also strafbar. Homosexualität war tabu, und wer immer in einer Bar erwischt wurde, wurde namentlich registriert und war fürderhin erpressbar. Jahrzehntelang ließen Homosexuelle sich in diverser Weise erniedrigen – bis zu jenem Tag im Juni im «Stonewall Inn». Statt eine erneute Razzia über sich ergehen zu lassen und Beleidigungen, Bedrohungen und wahllose Festnahmen hinzunehmen, schlugen die Gäste, für die Polizei völlig unerwartet, zurück. Eine, die dabei war, die schwarze Lesbe Stormé DeLaverié (Jahrgang 1920), erinnert sich: «Die Bullen haben zurückbekommen, was sie uns gegeben haben. Der Bulle hat mich geschlagen, ich schlug ihn zurück.» So einfach kann klingen, was jahrzehntelang als undenkbar schien.

Die Wut entlud sich zunächst gegen die Polizei. Viel wichtiger als das aber war das Aufflackern von Trotz, von Widerstand und von einem neuen Bewusstsein, das der Scham ein Ende bereiten sollte und weltweit ein Erwachen der Lesben und Schwulen zur Folge haben sollte. Die Kunde von der Straßenschlacht in der Christopher Street machte die Runde, und überall in den USA bildeten sich Gruppen, die sich mit der Gleichberechtigung von Schwulen und Lesben befassten. Im Juni des folgenden Jahres gab es erstmals eine Demonstration von circa 5000 Schwulen und Lesben in New York, um an die Aufstände im «Stonewall Inn» zu erinnern. Die erste «Gay-Pride»-Demo war geboren. Heute steht ein Denkmal an der Stelle in der Christopher Street, und beim 30-jährigen Jubiläum der Stonewall-Rebellion, des größten «Gay-Pride»-Marsches aller Zeiten, liefen über eine Million Menschen durch die Straßen New Yorks. Angeführt von den «Stonewall-Veteraninnen und -Veteranen» wie Stormé, die heute als Helden der Bewegung gefeiert werden.

In Deutschland blühte die lesbische und schwule Kultur bereits in den 20er-Jahren, vor allem in Berlin. Auch wenn es natürlich keine Lesbenbewegung oder Aufmärsche wie einen CSD gab, so war die Zahl der Frauenbars, Frauenbälle und -partys um ein Vielfaches größer als heute. Kaum zu glauben, aber wahr. Es gab viele Clubs und Vereine, in denen Lesben organisiert waren, Zeitschriften und ein reges kulturelles Leben. Als die Nazis die Macht in Deutschland ergriffen, war es praktisch eine ihrer ersten Maßnahmen, die gesamte schwul-lesbische Subkultur in kürzester Zeit auszumerzen. Es sollte bis in die frühen 70er, also 40 lange Jahre, dauern, bis Lesben wieder den Mut fanden, «öffentlich» zu werden.

1979 fand die erste Demonstration nach amerikanischer Art, der erste Christopher Street Day, in West-Berlin statt. Damals liefen die geschätzten 400 Teilnehmerinnen und Teilnehmer hinter einem einzigen Demonstrationswagen und waren teilweise sogar vermummt, aus Angst, entdeckt zu werden. Während in der BRD noch bis 1994 der Paragraph 175 männliche Homosexualität zum Teil unter Strafe stellte, gab es gegen Lesben in Deutschland niemals Gesetze. Es war die Unsichtbarkeit der weiblichen Homosexualität, die es zu bekämpfen gab – die Verhöhnung und den Spott.

**Politische Slogans aus einer Zeit, in der
auf Demos noch skandiert wurde, oder
Was die Lesbe gerne auf T-Shirts trug**

- «Wir sind lesbisch, wir sind viele, wir haben die Schnauze voll!»
- «Feminismus ist die Theorie, Lesbischsein die Praxis»
- «Too cute to be straight» («Zu gut aussehend, um hetero zu sein»)
- «Sisters are doing it for themselves» («Schwestern können es auch selber»)
- «Proud to be gay» («Stolz, lesbisch/schwul zu sein»)
- «Heterosexuell – Nein, danke!»
- «Schafft eins, zwei, drei, ganz viele Stonewalls»
- «Vielfalt ist unsere Stärke»
- «Lieber lesbisch lebensfroh als verklemmt und hetero»

CSD – Weihnachten im Juni

Was in West-Berlin begonnen hatte, machte bald in der ganzen Republik Schule, und mehr und mehr schwul-lesbische Demonstrationen unter dem Titel «Christopher Street Day» fanden regelmäßig in allen größeren Städten statt. Heute haben selbst Kiel, Oldenburg oder Freiburg ihre eigenen CSDs, und der Juni ist praktisch weltweit zum «Gay Pride»-Monat geworden. Zumindest in der westlich sozialisierten Welt, zunehmend aber auch in Osteuropa und selbst in Teilen Afrikas und Lateinamerikas gehen Millionen von Lesben, Schwulen, Bisexuellen und Transgenders für mehr Rechte und Sichtbarkeit auf die Straße.

In Berlin sind aus den 400 mutigen vermummten mit dem kleinen Umzugswagen eine halbe Million Menschen und eine Parade aus 75 bunt geschmückten Wagen mit dröhnender Musik geworden. Für viele Lesben ist der Juni der Monat, in dem es gilt, sich selbst und die eigene Homosexualität zu feiern und stolz nach außen zu tragen. So hat sich eine regelrechte CSD-Reisekultur entwickelt. Beinahe wie zu Weihnachten stellt sich die Frage «Wo verbringst du denn dieses Jahr den CSD?». Manche fahren zu zwei oder drei CSDs, die zeitversetzt von Anfang Juni bis Mitte Juli an mindestens einem Dutzend Orten in ganz Deutschland stattfinden. Man nutzt den CSD, um Freunde in den jeweiligen Regionen zu besuchen und die Festtage gemeinsam zu verbringen. Dabei hat jeder CSD einen anderen Charakter. Der Umzug in Berlin gilt als die politisch motivierteste Veranstaltung. Auch nennt sich der Berliner CSD als einziger noch Demonstration, während alle anderen zu dem weniger radikalen Begriff Parade übergegangen sind. Leider steht der Berliner CSD seit einigen Jahren sehr im Schatten der Love Parade und kann vielfach von unbedarften Teilen der heterosexuellen Bevölkerung von dieser gar nicht unterschieden werden. Der CSD in Köln steht für Karnevalkultur und viele heterosexuelle Zaungäste, die den Aufmarsch schlicht für einen Homo-Fasching halten. In Frankfurt setzt man mehr auf ein Straßenfest als auf den tatsächlichen Marsch, und in Hamburg findet jedes Jahr der Auftakt zur CSD-Saison mit einem vergleichsweise kleinen, aber prominent unterstützten CSD statt. Rund um die Demos gibt es natürlich haufenweise Partys, schwul-lesbische Filmfeste und jede Menge anderer homosexueller Aktivitäten, die das lesbische Herz erfreuen. Vor allem die großen Straßenfeste sind in Mode gekommen und runden so das Geschehen ab.

Der erste CSD ist gewissermaßen ein Meilenstein im Leben einer jeden Lesbe. Das Gefühl, erstmals mit vielen tausend anderen Lesben und Schwulen durch die Straßen zu marschieren und aller Welt zu zeigen, dass man selbstbewusst und stolz ist, erzeugt ein unvergleichbares Hochgefühl. Diese Euphorie, einmal mit so vielen Gleichgesinnten und für alle Welt in großer Zahl sichtbar wahrgenommen zu sein, erfüllt einen noch Wochen später mit Kraft und Energie.

Lesben, die meinen, sie möchten mit Aufmärschen dieser Art nichts zu tun haben, oder die Angst davor haben, sich damit zu öffentlich zu machen, bringen sich um ein sehr prägendes und kräftigendes Erlebnis. Und auch wenn nach etlichen Jahren der Teilnahme die Begeisterung für den CSD nachlässt – schließlich ist es ja doch immer irgendwie das Gleiche –, erinnert sich jede sicher gerne an ihr «erstes Mal» und wird mit Sicherheit glänzende Augen bei der Erinnerung bekommen.

Lesben, die letzte Herausforderung an die Scheißegal-Gesellschaft?

Seit den ersten Schritten Mitte der 70er-Jahre hat sich viel getan. Heute gibt es zwar kaum noch Frauenzentren, in denen sich Lesben treffen, dafür aber jede Menge aktiver politischer Gruppen und Interessenvertretungen für Lesben. Die großen Parteien – selbst die CDU – verfügen über Homo-Gruppen, Gewerkschaften und selbst die Kirche haben Initiativen von Lesben oder gemischten schwul-lesbischen Gruppen unter ihrem Dach. Vom lesbischen Sportverein über lesbische Polizistinnen, von Homo-Gruppen mit Behinderungen bis hin zu Treffen von Lesben mit besonderen Vorlieben wie Leder und SM scheint es für alle ein Nest zu geben. Ist dies aber nun gleichbedeutend mit gesellschaftlicher Akzeptanz?

Das Klima ist besser geworden, vor allem gilt Homophobie heute als ausgesprochen unschick, und wer Lesben und Schwule hasst, kann dies kaum je öffentlich zum Ausdruck bringen, ohne auf Ablehnung zu stoßen. Offene Diskriminierung, ob auf der Straße oder am Arbeitsplatz, wird immer seltener. Homosexualität ist kein Tabu mehr. Es wurde tatsächlich eine Menge erreicht. Allerdings sollte man sich nicht auf eine vermeintlich tolerante Umgebung verlassen. Das Aufkommen von Neonazitum in Deutschland ist der eindeutige Beweis für einen immer noch fruchtbaren Hort für vorgestriges Gedankengut und die Sehnsucht nach einer Gesellschaft, die nach lesben-, frauen- und menschenfeindlichen Prinzipien funktioniert.

Und selbst da, wo Schwule bereits akzeptiert sind, mag dies für Lesben noch lange nicht gelten. In der «Anything goes»-Gesellschaft, in der alles geht, alles möglich ist, wo jeder kann und soll, wie er will – können Lesben da tatsächlich auch völlig locker tun und lassen, was sie wollen? Oder stellen lesbische Frauen nicht auch heute noch eine Provokation für die patriarchale heterosexuelle Gesellschaft dar? In manchen Gegenden mancher Großstädte sicherlich nicht. In den modernen TV-Serien oder zuhauf produzierten Billigkrimis auch nicht. Doch Lesbischsein als Konzept, wäre es denn die Alternative zu Mann, Familie, Kinderkriegen, Hausfrauendasein und als Möglichkeit, einfach alles zu tun, was Männer auch tun, inklusive selbstbestimmter und erfüllter Sexualität – das würde die Gesellschaft doch glatt aus den Angeln heben.

Lesben sagen grundsätzlich nicht «Nein» zu Familie oder Kindern und streben nicht ausschließlich nach einer erfüllten Sexualität. Doch auch nur der Hauch davon reicht, um heterosexuelle Mitmenschen mit Angst und Schrecken zu erfüllen. Denn alternative Lebenskonzepte fordern auch von anderen, die sie beobachten, Stellung zu beziehen. Und so passiert es nicht selten, dass manche Heterofrau oder mancher frustrierte Ehemann in leichte Krisen geraten, lebt man ihnen ein Leben vor, das nicht auf jeder Seite der Boulevardpresse abgebildet wird, sondern eigene Entwürfe beinhaltet und gesellschaftliche Normen und Werte alleine schon wegen seiner Individualität infrage stellt. Die Reaktionen sind immer unterschiedlich, meist sehr viel positiver, als man ängstlicherweise vielleicht denkt. So kann man durchaus, beispielsweise im Kollegenkreis, erleben, wie Leute geradezu sentimental werden und ein bisschen frustriert über ihr eigenes, festgefahrenes Leben zu sinnieren beginnen. Natürlich gibt es genug lesbische Lebensentwürfe, die mindestens genauso festgefahren sind, und es gibt genauso viele lesbische Spießer wie heterosexuelle. Doch stellt allein diese Abweichung der sexuellen Orientierung für viele Menschen schon eine kleine Revolution dar. Deshalb ist es auch absolut richtig zu behaupten, lesbisch zu sein an sich ist bereits politisch – zumindest wenn man offen dazu steht. Selbst wenn dies vielen Lesben vielleicht gar nicht so recht sein mag, verstößt Lesbischsein auch heute noch vielerorts gegen «gute Sitten», gegen die Normen der katholischen Kirche, gegen das, was die Eltern mit einem vorhatten, und vor allem gegen das allgemeine Frauenbild. Am schlimmsten aber ist natürlich, dass Lesben nach außen hin demonstrieren, dass sie auch ohne Männer leben können; zumindest sexuell und emotional. Ein direkter Angriff auf das Machtmonopol der Männer also, die auch heute noch vielfach glauben, Frauen seien auf sie angewiesen. Welch böses Erwachen, wenn da nun welche daherkommen, die so gar nichts davon für ihre Glückseligkeit brauchen.

Ja-Sagerinnen? Homo-Ehe und alternative Familienkonzepte

Scherzhaft sprechen viele ja bereits von gleich schlechten Lebensweisen, wenn von der Gleichstellung von gleichgeschlechtlichen Lebensweisen die Rede ist. Im August des Jahres 2001 trat das Gesetz über die «Eingetragene Lebenspartnerschaft» in Deutschland in Kraft. Im Volksmund schlicht die «Homo-Ehe» genannt. Wobei klar sein muss, dass es sich mitnichten um eine Ehe handelt, denn diese Lebensform wird in Deutschland noch immer in ganz christlicher Tradition vom Gesetz vor allen anderen Lebensformen massiv bevorzugt. Das wird auch die so genannte Homo-Ehe nicht ändern. Neu ist aber, dass nunmehr Lesben ihre langjährige Partnerschaft offiziell vom Staat registrieren lassen können, steuerliche Vergünstigungen gegenüber Menschen, die nicht in eingetragenen Partnerschaften oder Ehen leben, in Anspruch nehmen können und einige andere Vorteile genießen. Aufgrund der eingetragenen Lebenspartnerschaft kann z. B. niemand den Zugang zur Partnerin, die auf der Intensivstation liegt, verweigern, Erbschaften können nicht einfach angefochten werden, und man kann vom Zeugnisverweigerungsrecht Gebrauch machen.

Niemand weiß genau, ob die Mehrheit der Lesben in Deutschland für oder gegen die eingetragene Partnerschaft ist. Die Vorzüge liegen auf der Hand, Gegenargumente gibt es aber mindestens ebenso viele. Zum Beispiel die Bedenken, eine veraltete und auf das Patriarchat fußende Institution wie die Ehe indirekt zu unterstützen, indem man für die teilweise gleichen Rechte kämpft, die Eheleute haben. Menschen, die in nicht so festen Partnerschaften leben, sind hier eindeutig benachteiligt. Man unterstützt so ein Weltbild, das klar auf die Glückseligkeit der Zweierbeziehung basiert. Damit könnten eben auch solche Lesben, die nicht in einer festen eingetragenen Partnerschaft leben, als «defizitär» betrachtet werden. Es könnte dazu führen, dass plötzlich zwischen guten – nämlich partnerschaftlich registrierte – und unanständige Lesben mit losen Sitten unterschieden wird. Auch viele Heterosexuelle schütteln nur den Kopf über diese Anbiederung an die Moral der christlichen Normen, nach der man sich nunmehr – und das auch noch mit staatlicher Kontrolle – einer Partnerin verschreibt. Auch meinen viele scherzhaft, dass es sich nur um eine neue Maßnahme handelt, Rechtsanwälte zu beschäftigen, denn eine Scheidung ist ähnlich kompliziert und unter Umständen auch ähnlich teuer wie bei einer offiziellen Hetero-Ehe.

Die Praxis wird zeigen, was die Eingetragene Lebenspartnerschaft tatsächlich an Emanzipation bringt. Man darf gespannt abwarten, wie viele lesbische Paare den Schritt tun – in Ländern wie Dänemark oder den Niederlanden, wo diese Regelungen ja schon länger gelten, sind die Zahlen der «Registrierten» weit hinter den Erwartungen zurückgeblieben. Dort sind es auch weitaus mehr männliche als weibliche Paare, die den Bund für den Lebensabschnitt schließen. Viele Lesben sind bereits im Vorfeld der Diskussion um die Homo-Ehe der Ansicht gewesen, dass Frauen schließlich genug Zeit hatten, die Schrecken der Ehe in unserer Gesellschaft zu beobachten. Sie kennen die Realität solcher Verbindungen, zumindest von ihren Müttern, zu gut, um einen solchen Pakt einzugehen. Durch dieses Gesetz und die gesellschaftliche Diskussion drum herum, die ja vor keiner Fernsehtalkshow Halt gemacht hat, wird aber das Lesbischsein ein Stück normaler oder zumindest sichtbarer. Allein das ist ein großer politischer Erfolg. Ob aber die Lebenspartnerschaft an sich nicht eher einen Rückschritt in althergebrachte Vorstellungen von Liebesleben bedeutet, bleibt noch abzuwarten.

Die nächste Herausforderung, die auch mit dem Lebenspartnerschaftsgesetz keine Regelung fand, ist die Kinderfrage. Kinderkriegen ist bei Lesben und bei Schwulen regelrecht «in». So merkwürdig dies auch klingen mag.

Nach jahrzehntelangem Verzicht auf Elternschaft hat seit einigen Jahren ein regelrechter Homo-Babyboom eingesetzt. In den USA wurde natürlich längst eine Vokabel für dieses Phänomen gefunden: der «Gayby-Boom».

Natürlich haben auch Lesben Kinderwünsche. Abgesehen von Lesben, die Kinder aus heterosexueller Vergangenheit haben, werden lesbische Lebensentwürfe mit Kindern immer häufiger diskutiert. Vor allem natürlich vor dem Hintergrund, dass es kein Adoptionsrecht für Homosexuelle in Deutschland gibt – auch nicht in einer Eingetragenen Lebenspartnerschaft. Auch scheint es geradezu zum Beweis des Gegenteils anzustacheln, dass bei aller Toleranz homosexuellen Eltern gegenüber diesen doch die Fähigkeit zur Kindererziehung gesamtgesellschaftlich eher abgesprochen wird.

Nur weil es lesbischen Frauen – zumindest was die moralische Akzeptanz angeht – bisher versagt blieb, auch Mütter zu sein, sollte man doch nicht auf die ältesten Klischees über Frauen hereinfallen. Die angebliche biologische Bestimmung von Frauen wurde oft mit «Die Uhr tickt halt irgendwann» begründet. Dieser Schwachsinn wird immer dann bemüht, wenn Frauen in Schach gehalten werden sollen und ihrer «eigentlichen» Bestimmung zugeführt werden sollen – denn dann sind sie erst mal ein paar Jahre wirklich weg vom Fenster. Keine Frau, deren «Uhr nicht tickt», hat sich irgendetwas vorzuwerfen oder ist unnormal. Im Gegenteil: Schließlich leben wir heute in Verhältnissen, die es jeder Frau erlauben, genau darüber nachzudenken, wie sie ihr Leben gestalten möchte. Mit viel weniger Zwängen, Erwartungshaltungen und sozialen Verpflichtungen als früher – ganz sicher auch ein Erfolg des Feminismus. In Zeiten der Überbevölkerung fällt auch das Argument, man müsse schließlich für die Erhaltung der Art sorgen, schlicht weg.

Mitunter könnte man fast den Eindruck gewinnen, dass aber noch ein anderes Bedürfnis, die Sehnsucht nach Normalität nämlich, keine unwesentliche Rolle beim lesbischen Kinderboom spielt. Lesben sollten aber bloß nicht glauben, dass sie einfach durch den Weg, Mutter zu werden, wieder in die Gesellschaft einscheren können und sich praktisch mit dem Kind die Legitimation, ein «wertvolles Mitglied» der Gesellschaft zu sein, holen könnten. Es sollte nur einen Grund geben, Kinder zu bekommen, und das ist der, dass man ein Kind möchte und nicht einen Status. Der Traum, bis zur Unkenntlichkeit in die Heterogesellschaft eingewoben zu sein, verheiratet beziehungsweise mit Eingetragener Lebenspartnerschaft und mit Kind, mag ein Traum so mancher Lesben sein, die es nicht ertragen können, «anders» zu sein als die Mehrheit der Bevölkerung. Doch sollte man, schon um der Kinder willen, diesem Etikettenschwindel nicht aufsitzen. Lesben mit Kindern sind für viele ein rotes Tuch, und sie und ihre Kinder haben oft unter Vorurteilen und Diskriminierung zu leiden. Allein erziehende Mütter haben es sowieso schwer, egal ob sie nun lesbisch sind oder nicht. Als Lesbe bekommt man darüber hinaus auch noch die geballte Ladung veralteter Vorstellungen von Normen und Werten, wie sie Kindern angeblich beigebracht gehören, ab. Dazu kommt natürlich die Angst, dass sich Homosexuelle jetzt auch noch vermehren und damit praktisch die allerletzte Bastion der Heterosexualität nehmen. Nach christlichen Vorstellungen ist das der «Untergang des Abendlandes». Doch so verlockend es dann wiederum sein mag, diesen revolutionären Akt auszuüben, es geht um mehr als um Aufmüpfigkeit. Es wird natürlich Zeit, zu beweisen, dass Lesben und Schwule genauso gut oder schlecht mit Kindern umgehen können wie andere auch. Das Für und Wider des Kinderkriegens wäre wirklich ein Buchthema für sich und führt hier zu weit. Die neuen Familienmodelle erfordern ein massives Umdenken. So gibt es Konstrukte wie zwei lesbische Mütter und ein schwules Paar, die sich ein Kind teilen. Oder eine Mutter und zwei Väter, die zusammenleben, oder eine Lesbe und ein Schwuler ziehen ihre Kinder gemeinsam auf. All diese «Regenbogenfamilien» stellen die bisherige Norm der «Vater-Mutter-eineinhalb-Kinder-Gesellschaft» natürlich auf den Kopf. Kein Wunder, dass diese Konzepte nicht nur mit Argwohn betrachtet werden, sondern auch von gesetzlicher Seite die Riegel vorerst vorgeschoben bleiben.

Are We Family?

Lesben schlafen nicht (oder nicht hauptsächlich) mit Männern und verlieben sich auch nicht in sie. Die Zeiten, wo Lesben dadurch definiert wurden, dass sie Männer hassen, sind aber ein für alle Mal vorbei. Reine Frauenräume sterben zusammen mit den letzten Resten der Frauenbewegung mehr und mehr aus. Das Bedürfnis von Lesben, in männerfreien Räumen zu sein und ein männerfreies Leben zu führen, gilt zu Recht als antiquiert. Trotzdem stehen viele Lesben Männern – auch Schwulen – immer noch skeptisch gegenüber. Nett, aufgeschlossen, reflektiert oder schwul, sie sind immer noch Männer und damit die Menschen erster Klasse in einer patriarchalen Gesellschaft. Trotzdem geht die Bewegung eindeutig in Richtung schwul-lesbisch und weg vom früheren Konzept der «Frauen / Lesben», wo die Gemeinsamkeit eben in der Geschlechtsgenossinnenschaft lag.

Wie sinnvoll ist nun der Schulterschluss mit schwulen Männern für Lesben? Sind sie nur aufgrund des kleinsten gemeinsamen Nenners – der Homosexualität und ihres geringeren gesellschaftlichen Status – auch die richtigen «Partners in crime», die richtigen Verbündeten, die wahren Komplizen? Man muss sich gar nichts vormachen, viele Schwule hassen Frauen schlicht. Mitunter sogar noch mehr als Heteromänner, weil sie ja im Grunde nie mit Frauen (außer Mutti, die sowieso die Beste ist) zu tun haben. Und auch viele Lesben hassen Männer, aus vielen Gründen, und sei es nur aus Neid um deren Mannsein und die damit verbundene größere soziale Anerkennung. Oder berechtigterweise wegen der vielen tausend kleinen Gemeinheiten, die man sich als Frau ein Leben lang von Männern gefallen lassen muss.

Doch die Frauenbewegung und die Lesbenbewegung, wie wir sie aus den 70er-Jahren kennen, sind praktisch tot. Immer mehr spricht man heute in politischen Zusammenhängen von schwul-lesbisch oder «queer» als Überbegriff für Schwule, Lesben, Bisexuelle, transidentische Menschen und alle anderen, die von der heterosexuellen Norm abweichen. Nicht mehr Abgrenzung und Schachteldenken ist angesagt, sondern das Vereinen mit den richtigen Bündnispartnern. Und wer läge da näher als schwule Männer, nachdem, wie gesagt, in reinen Frauenzusammenhängen nicht mehr viel läuft? Man darf nicht nach der absoluten Harmonie im Land der Regenbogenfahnen suchen, wo alle, die «anders» sind, wieder gleich sind und sich wunderbar verstehen. Doch will man auf einer politischen Ebene für Akzeptanz und Emanzipation kämpfen, ist es vielleicht sinnvoll, sich mit Menschen mit ähnlichen Anliegen zu verbünden. Schwule kommen viel öfter in den Medien vor, sind sichtbarer, haben ihre Stars und Vorbilder, haben eine politische Lobby gebildet und auch eine umfangreiche Szene mit kulturellem und sexuellem Überangebot gestaltet. Schwule brauchen Lesben nicht unbedingt, doch können Lesben in dieser Gesellschaft auch ohne Schwule etwas erreichen? Bisher war es zugegebenermaßen nicht viel. Von CSD bis zur Homo-Ehe, es sind alles maßgeblich von Schwulen geprägte Geschichten. Alles wird zunehmend schwul-lesbisch. Ein kleines bisschen Schmarotzertum kann da nicht schaden. Darüber hinaus haben Lesben natürlich die große Chance, endlich zu partizipieren und nicht zuletzt den schwulen Jungs auch die verhassten Vorurteile über Lesben endlich auszutreiben. Um sich mit Schwulen zu verbünden, muss man als Lesbe nicht die Unterschiede verleugnen, in Gleichmacherei verfallen oder sich bei Männern anbiedern. Es geht allein darum, die schwul-lesbische Community entscheidend mitzugestalten, denn schließlich sieht es ganz danach aus, dass dort die politische Zukunft liegt.

Queer – das Konzept der Zukunft?

Glaubt man Experten und Geschlechterwissenschaftlern und -wissenschaftlerinnen, so könnte uns die Eigenschaft, lesbisch zu sein, als ein Identitätsmerkmal bald verloren gehen. Es bezeichnen sich bereits viele Lesben nicht mehr als lesbisch, sondern als «queer». Der Begriff queer, wie so oft aus dem Amerikanischen entliehen und ohne entsprechende Übersetzung im Deutschen, steht für ein soziales und politisches Bewusstsein einer anderen als der heterosexuellen Orientierung. Das beinhaltet sowohl Lesben wie Schwule, Bisexuelle, auch Transsexuelle, Intersexuelle, Tunten, Drag-Kings und alle Grenzwanderer, die sich auf keines der gängigen Geschlechter festlegen wollen. Queer meint sehr offen und tolerant alle Menschen, die sich darunter zusammengefasst sehen wollen und die sich gewissermaßen unter der Regenbogenfahne als gemeinsamem Nenner wiederfinden möchten und dort einen Teil ihrer politischen Heimat sehen.

Der Unterschied zwischen den Geschlechtern im Umfeld der Homo- oder in diesem Falle queer-Szene weicht reichlich auf. Auch wenn man es nach wie vor unbedingt als wichtig erachten sollte, sich zu dem, was man ist, zu bekennen und es benennen zu können, so eröffnen sich doch ganz neue Möglichkeiten. So stark sich das Konzept queer einerseits vom grauen Hetero-Brei abheben möchte, so unklar sind die Grenzen innerhalb der Community. Man kann in verschiedene Rollen schlüpfen, Phantasien ausleben oder eben als Mensch, der sich nicht festlegen möchte oder kann, weder welchem Geschlecht er angehören möchte noch welches er als Partner bevorzugt, auch zur «Familie» gehören. Eine neue Familie, die nicht vorschreibt, wie eine «richtige» Lesbe zu sein hat, und in der alle Sorten von Lesben ihren Platz haben.

Anhang

Typen von Lesben – in hübsche Schubladen verpackt

Birkenstocklesbe:

Die Sandale der Schuhfirma als größter gemeinsamer Nenner, für eher als politisch-feministisch und als veraltet «öko» eingestufte Lesben, sehr populär in den 80er-Jahren.

Businesslesbe:

Auch «LUPPI» («Lesbian Urban Professional»), die lesbische Variante des «YUPPI», karriereorientierte Berufstätige mit Businessanzügen, Nadelstreifenkostümen, Geld, Macht und Lederaktentasche.

Butch:

Burschikose Frau, mitunter maskulin oder einfach nur nicht dem Klischee des «Weiblichen» entsprechend (früher KV).

Drag-King:

Weibliche Variante der Tunte oder «Drag-Queen». Frau in Männerkleidung, eine Männerrolle spielend – auf der Bühne oder auch im alltäglichen Leben.

Femme:

Feminine Lesbe, oft als Gegenstück zur Butch gesehen. Meist mit «typisch» weiblichen Merkmalen wie Schminke, Rock, langen Haaren oder Handtasche ausgestattet, kann in der Variante «Schlampe» aber auch selber die Autoreifen wechseln.

Flanellhemd-Fraktion:

Durch das Tragen von karierten Flanellhemden und lässiger Männerkleidung – meist kombiniert mit Kurzhaarschnitt – gängiges Klischee mit hohem Wiedererkennungswert für andere Lesben. Geht häufig auch als «Soft-Butch» durch. Heute eher ein Merkmal für Lesben einer Generation mit Coming-out in den späten 70er- oder 80er-Jahren.

Kesser Vater (KV):

Vor allem in den 20er- und 30er-Jahren verbreitetes Phänomen maskuliner Lesben in Männerkleidung, oft als Gegenstück zur Femme (fatale) gesehen.

Klemmlesbe:

Eine Lesbe, die ihre Homosexualität nicht auslebt.

Kurzhaarlesbe:

Durch den «Lesbeneinheits-Kurzhaarschnitt» einem gängigen Klischee entsprechend, für andere Lesben schnell als «Schwester» erkennbar.

Landlesbe:

Lebt auf dem Land – zumeist im Kollektiv wie auf gemeinschaftlich geführten Bauernhöfen. Hat sich bewusst der Großstadt und ihrer Szene abgewandt.

Lastwagenfahrer-Lesbe:

Burschikose Lesbe, auch «Butch», aus der «Flanellhemd-Fraktion», der man zutraut, mit einem großen LKW vor der Tür geparkt zu haben. Besonders raues Modell, das eher für schlicht und ungehobelt gehalten wird, aber aufgrund der Klischeehaftigkeit auch große erotische Anziehung für manche besitzen kann.

Lipsticklesbe:

Moderne Version der «Femme», vor allem mit Schminke ausgestattete Lesbe mit Hang zum Glamourösen.

Motorradlesbe:

Erobert sich eine Männerdomäne und ist durch den Besitz eines Motorrades – und oft auch durch das Tragen von Lederkleidung – sofort als Lesbe erkennbar.

Sandkastenlesbe:

Sie wusste es seit frühester Kindheit, hatte ein frühes Coming-out und keine heterosexuelle Vergangenheit.

Schranklesbe:

Traut sich nicht, offen zu ihrer Homosexualität zu stehen. Ist noch «im Schrank» – aus dem Englischen «in the closet» –, versteckt sich bzw. ihr wahres Ich und hatte noch kein Coming-out.

Szenelesbe:

Hat ihr soziales Umfeld hauptsächlich in der schwullesbischen Szene, geht häufig in Bars und zu Homo-Partys und sucht sich dort auch ihre Partnerinnen. Sie nimmt am Szeneklatsch teil und lebt oft freiwillig ghettoisiert.

VoKuHiLa:

Auf den Haarschnitt bezogen – «vorne kurz, hinten lang». Vor allem in den 80er- und 90er-Jahren außer dem «Lesbeneinheitsschnitt» beliebter Look in eher «proletarischen» Lesbenkreisen. Ihr wird vor allem die Leidenschaft zum Fußball nachgesagt.

Lesbische Erkennungszeichen –
wo dies draufklebt, ist lesbisch drin

Doppelaxt (Labrys):

Auf die Streitaxt der Amazonen zurückgehendes Symbol. Wurde in den 70er- und 80er-Jahren oft als Erkennungszeichen von politisch aktiven Lesben als Schmuck getragen und wird heute nur noch selten gesehen. Kam mit dem Kultfilm «Bound» durch die Tätowierung der Hauptfigur «Corky» allerdings wieder etwas in Mode.

Lesbenhände:

Erkennungszeichen für Lesben aus den 70er-Jahren, als Schmuck oder Aufkleber – meist in Lila – symbolisieren zwei Hände, die sich an Zeigefinger und Daumen berühren, ein Dreieck – und damit die Vagina. Die berühmten Hände standen für sexuelle Selbstbestimmung und oftmals für einen feministisch bewegten Hintergrund.

Regenbogenfahne:

Das heutzutage international verbreitetste Erkennungszeichen für Lesben und Schwule beziehungsweise für die lesbische, schwule, bisexuelle und transgender Community. Eingeführt wurde sie in den 80er-Jahren in den USA und ist mittlerweile weltweit bekannt, allerdings nicht zu verwechseln mit «Greenpeace» oder anderen Organisationen, die gerne mit dem Regenbogen werben. Sie klebt auf Autos, hängt an Balkonen und an einschlägigen Kneipen. Die Regenbogenfahne wird auch auf CSDs als Banner vielfach geschwungen.

Die sechs Farben der Fahne bedeuten:

Rot – Leben

Orange – Heilung

Gelb – Sonne

Grün – Natur

Blau – Kunst

Violett – Geist

Es gibt aber auch andere Deutungen, die die Farben vor allem mit unterschiedlichen Hautfarben oder politischen Zielrichtungen erklären. Ursprünglich hatte die Fahne acht Farben, zwei wurden mit der Zeit entfernt.

Lederfahne:

In Abwandlung der Regenbogenfahne ist sie ein Erkennungszeichen für Freunde und Freundinnen von Leder, SM und Fetisch. Das bekannteste Erklärungsmodell: Schwarz steht für Leder, Blau für Jeans, das Herz für Liebe.

Doppeltes Frauenzeichen:

Verwendet das aus der Biologie stammende Zeichen für Frau. Zwei ineinander gestellte Frauenzeichen sind ein aus der Mode gekommenes lesbisches Symbol, das man nur noch selten als Schmuck am Hals von Junglesben oder als Graffiti sehen kann.

Lesben im Internet

- www.shoe.org, die vielleicht beste deutschsprachige Site überhaupt wurde in der Schweiz kreiert. Sie ist liebevoll gestaltet und hat viele hundert internationale Mitglieder, die durch eine weltweite Mailing-Liste in Kontakt stehen. Außerdem gibt es einen Chat, Kontaktmöglichkeiten und Termine aus aller Welt.

- www.dykesworld.de, komplett auf Englisch, sehr informativ und übersichtlich mit Infos über alles, was die Lesbe von heute gebrauchen könnte, mit Chat und sogar einer Ecke für die schwulen Brüder.

- www.lesbian.com, englischsprachige Link-Sammlung zu allen relevanten Themen von Literatur bis Politik, von Sport bis Reisen.

- www.her2her.ch, Kontakte sowie Infos über einschlägige Bars, Kneipen und Partys für die Schweiz und Deutschland, viele Kontaktanzeigen.

- www.pride.de, sehr kommerzielles schwul-lesbisches Angebot der gleichnamigen Telekommunikationsfirma mit vielen Nachrichten und Infos.

- www.eurogay.de, Nachrichten, Kontakte und viel Schwules.

- www.buschfunk-magazin.de, in Thüringen gemachtes schwul-lesbisches Internet-Magazin mit vielen Infos aus und über Ostdeutschland.

- www.lsvd.de, der Lesben- und Schwulenverband Deutschlands mit den Schwerpunktthemen Homo-Ehe, Lesben und Schwule mit Kindern sowie binationale Partnerschaften.

- · www.dragkingdom.de, viele Fotos und Kontaktmöglichkeiten für Freundinnen der lesbisch herb-männ-
  lichen Attitüde, für Drag-Kings und alle, die es werden wollen.
- · www.planetout.com, umfangreiches aktuelles Portal
  für das gesamte schwul-lesbische Leben – vor allem in
  den USA – mit viel Klatsch, Promis, Kultur und Terminen sowie den besten Seiten über schwul-lesbisches
  Filmschaffen weltweit: www.popcornQ.com

Erotik

- · www.onourbacksmag.com, das ultimative Sexmaga-
  zin für sexuell abenteuerlustige Lesben aus den USA
  leistet seit Jahrzehnten Pionierarbeit. Das Heft ist in
  Deutschland leider kaum erhältlich, im Internet gibt es
  dafür jede Menge erotischer und pornographischer
  Lesbenfotos, Infos und alles, was am sexuellen lesbischen Puls der Zeit tickt.

Medien im Netz

- · www.lespress.de, Deutschlands einziges bundesweites
  Lesbenmagazin hat eine anspruchsvolle Website, die
  sogar das eigene Druckerzeugnis in den Schatten stellt.
  Es gibt bundesweite Termine, Kontaktanzeigen und
  viele, viele Infos.
- · www.siegessaeule.de, Europas größtes schwul-lesbisches Stadtmagazin aus Berlin geht auf seiner Website über Berlins Grenzen hinaus und hat neben vie-

len Kultur- und Politthemen täglich aktuelle Nachrichten.

- • www.queer.de, die bundesweite Monatszeitung für Schwule und Lesben hat eine brandaktuelle und umfassende Online-Ausgabe, die auch alle regionalen Hinweise enthält.
- • www.gaytimes.co.uk/diva, Eurpoas professionellstes und glamouröesestes Lesbenmagazin erscheint monatlich in Großbritannien und ist auch im Internet mit vielen Geschichten über lesbische Promis und Trends zu lesen.

Medien zum Lesen

Lespress:

Deutschlands einziges bundesweites Lesbenmagazin, das überall an Kiosken käuflich zu erwerben ist. Schwerpunkte sind meist kulturelles Leben, Literatur und Politik. Obwohl im Niveau stark schwankend, ist Lespress gerade für Lesben in der Provinz die einzige Informationsquelle und der Kontakt zur lesbischen Welt. Es gibt einen großen bundesweiten Terminteil für Partys und Veranstaltungen.

Kostenlose Magazine, meist überall in der Szene, in Buchläden, Cafés, Restaurants und Beratungsstellen erhältlich

Queer

Die einzige bundesweite kostenlose Zeitung für Schwule und Lesben ist stark an der Politik des LSVD orientiert und hat viele politische Themen, meist rund um die Homo-Ehe. Außerdem gibt es verschiedene Regionalausgaben, deren Terminteil auch der kleinste Stammtisch in Posemuckel nicht entgeht.

Berlin: SIEGESSÄULE

Das älteste und auflagenstärkste Magazin seiner Art in Deutschland enthält außer allen Terminen für Berlins schwul-lesbische Szene auch viele kulturelle und gesellschaftspolitische Themen.

München: Our Munich

Schwul-lesbisches Magazin für München mit allen Terminen und stark bayerischem Flair.

Köln: Rik

Unprofessionell wirkendes Magazin, das sich hauptsächlich an Schwule richtet, aber auch einige lesbische Termine und Infos enthält.

Frankfurt: Gab

Schwul-lesbisches Magazin mit schwulem Schwerpunkt und viel Lifestyle.

Sachsen: Gegenpol

Mitunter amateurhaft anmutendes kleines Magazin für das südliche Ostdeutschland aus Dresden mit wenigen lesbischen Terminen und Infos.

Buchtipps

Romane und Klassiker, die man gelesen haben sollte:

Radclyffe Hall: «Quell der Einsamkeit»

(«Well of Loneliness»), Daphne Verlag, 1991. Der erste Lesbenroman der Neuzeit erschien 1928 in Großbritannien und wurde umgehend verboten. Dramatischer Klassiker um die androgyne Steven und ihr unglückliches lesbisches Leben mit viel Schmalz und englischem Schnörkel.

Rita Mae Brown: «Rubinroter Dschungel»

(«Rubyfruit Jungle»), Rowohlt, 1978. Der Coming-out-Roman einer ganzen Generation. New York in den 70er-Jahren und junge, abenteuerlustige, feministische Lesben auf der Suche nach dem Sinn des Lebens, nach sich selbst und einer Frau.

Leslie Feinberg: «Träume in den erwachenden Morgen»

(«Stone Butch Blues»), Krug & Schadenberg, 1996. Der US- Bestseller erzählt die Geschichte der transidentischen Lesbe Jess in den 50er-Jahren auf eindringliche, tief unter die Haut gehende und unvergessliche Weise.

Christa Winsloe: «Mädchen in Uniform»

Daphne Verlag, 1999. Die Romanvorlage für den legendären Film. Bedrückende Schilderung einer tragischen Schülerin-Lehrerin-Liebe in einem preußischen Internat.

Karen-Susan Fessel: «Bilder von ihr»

Querverlag, 1996. Das Lieblingsbuch der neuen Lesbengeneration, das eine tragisch endende Liebesgeschichte zwischen Berlin und Paris erzählt.

Elise D'Haene: «Viva Mona»

Orlanda Verlag, 1998. Modernes US-amerikanisches «Queer-Life» witzig, erotisch und doch tief gehend erzählt.

Erica Fischer: «Aimée und Jaguar»

Kiepenheuer & Witsch, 1994. Die Autorin erzählt die wahre und tödlich endende Liebesgeschichte zwischen einer Jüdin und einer mehrfachen Mutter im Nazideutschland.

Patricia Highsmith: «Carol»

Diogenes, 1992. Die berühmte Krimiautorin auf lesbischen Abwegen mit einem schönen, sanften Liebesroman.

Coming-out-Bücher:

Werner & Wörmann: «Jane liebt Julia»

Knaur, 2000. Locker-flockige Tipps rund ums Coming-out unter Einbeziehung modernster Trends und Strömungen.

Braun & Martin: «Gemischte Gefühle»

rororo, 2000. Das einzige gemeinsame Coming-out-Buch für Schwule, Lesben, Heteros und Bisexuelle mit Schwerpunkt auf dem allgemeinen sexuellen Erwachen.

Konopik & Montag: «Coming out Lesebuch»

Argument, 1999. Das einzige deutschsprachige Lesebuch seiner Art mit Texten vieler Autorinnen, die man bereits aus dem Krimi-Genre kennt.

Lutz van Dijk: «Coming-out»

Patmos, 1997. Schwul-lesbisch und international wird

Coming-out vor dem Hintergrund verschiedener Religionen und Herkünfte geschildert.

Sonja Schock: «Und dann kamst du … und ich liebte eine Frau» Krug & Schadenberg, 1997. Die Lebensgeschichten von Frauen, die erst spät im Leben ihr Coming-out erfuhren.

Erotik:

Falk, Hack, Queen & Schimel: «Sexperimente»
Querverlag, 1999. Das «queerste» Buch aller Zeiten mit lesbischen Erotik- und Pornogeschichten, von schwulen Autoren geschrieben und mit schwulen Geschichten aus lesbischer Feder. Hier geht es direkt zur Sache.

Karen-Susan Fessel: «Heuchelmund»
konkursbuch, 1995. Schonungslose und nicht immer romantische Geschichten rund um lesbisches Begehren und die Lust am Weib.

«Verführungen»
Krug & Schadenberg, 1998. Sammlung von erotischen Geschichten der etwas sanfteren Art von amerikanischen und deutschen Autorinnen.

Annette Berr: «Orgasmusmaschine»
konkursbuch, 2000. Lesbische Sexualität, wie man sie kaum zu träumen wagte, nicht leicht verdaulich, dafür unvergesslich.

Hack & Kuhnen: «Bisse und Küsse»
Querverlag, 2000. Harte bis zarte Geschichten verschiedener deutscher Autorinnen mit unverklemmter und leichtfüßiger Herangehensweise ans Thema.

«Mein Lesbisches Auge» I & II

konkursbuch, 1998 & 2000. Die beiden lesbischen Ausgaben des «Jahrbuchs der Erotik» umfassen alle Ausdrucksformen von Gedichten über Fotos bis zu witzigen Geschichten. Was zwischen Frauen im Bett und anderswo so passieren kann.

Karin Rick: «Sex ist die Antwort»

konkursbuch, 1999. Witzig-spritziger Roman über eine ungewöhnliche Beziehung mit vielen raffinierten Sexszenen.

Sachbücher zum Thema Sex:

Pat Califia: «Wie Frauen es tun»

(«Sapphistry»), Orlanda Verlag, 1998. Der Klassiker aus den 70er-Jahren. Immer noch wegweisend – wenn auch stellenweise etwas veraltet – für alles, was Frauen sexuell miteinander tun können.

Susie Bright: «Best of Susie Sexpert»

Krug & Schadenberg, 2001. Die Highlights aus den Kolumnen der US-amerikanischen Sexpertin mit der unverklemmten und witzigen Schreibe. Hier wird Rat für wirklich alle (Lebens-)Lagen gegeben.

Kay/Müller: «Schöner Kommen»

Querverlag, 2000. Das erste deutsche Buch seiner Art mischt Fotos, Fiktion und Anleitungen zu allen bekannten Spielarten lesbischer Sexualität.

Felice Newman: «Sie liebt sie»

Orlanda, 2000. Der Lesbensexratgeber aus US-amerikanischer Sicht mit unverklemmtem Blick.

Graue Theorie:

Judith Butler: «Das Unbehagen der Geschlechter»

(«Gender Trouble»), Suhrkamp, 1991. Die Päpstin der Geschlechtertheorie erfindet die Welt neu und atemberaubend klug – nur Angst vor Fremdwörtern sollte man nicht haben.

Teresa DeLauretis: «Die andere Szene»

Suhrkamp, 1999. Verschiedene Analytikerinnen blicken auf den Zusammenhang zwischen Psychoanalyse und lesbischer Sexualität.

Loulan, Nicols, Streit: «Lesben, Liebe, Leidenschaft»

Orlanda, 1992. Beziehungstheorien sowie Möglichkeiten und Unmöglichkeiten von lesbischen Liebesbeziehungen, beleuchtet von verschiedenen Theoretikerinnen.

Allgemein:

Karin Schupp: «Keine Angst vor den wilden Lesben»

Querverlag, 1998. Der ganze Klatsch über Lesben, auf den man immer schon gewartet hat. Ein Buch, das meist nur heimlich gelesen wird.

Fessel & Schock: «Out»

Querverlag, 2000. Das ultimative Lexikon aller schwulen, lesbischen und bisexuellen Persönlichkeiten des öffentlichen Lebens, die «es» auch zugeben.

Die praktische Psychologie ist traditionell ein Schwerpunkt im Sachbuch bei *rororo*. Praxisorientierte Ratgeber leisten Hilfestellung bei privaten und beruflichen Problemen.

Kuni Becker
Die perfekte Frau und ihr Geheimnis *Eß- und Brechsucht: Hilfen für Betroffene und Angehörige*
(rororo sachbuch 19576)

Annette Bopp /
Sigrid Nolte-Schefold
StiefKinder – RabenEltern – RabenKinder – StiefEltern
Leben in einer Patchworkfamilie: Probleme erkennen, Perspektiven gewinnen
(rororo sachbuch 60541)

Gerd Hennenhofer /
Klaus D. Heil
Angst überwinden *Selbstbefreiung durch Verhaltenstherapie*
(rororo sachbuch 16939)

Eleonore Höfner /
Hans-Ulrich Schachtner
Das wäre doch gelacht! *Humor und Provokation in der Therapie*
(rororo sachbuch 60231)

Eva Jaeggi
Zu heilen die zerstoßnen Herzen *Die Hauptrichtungen der Psychotherapie und ihre Menschenbilder*
(rororo sachbuch 60352)

Spencer Johnson
Ja oder Nein. Der Weg zur besten Entscheidung *Wie wir Intuition und Verstand richtig nutzen*
(rororo sachbuch 19906)

Ursula Lambrou
Helfen oder aufgeben? *Ein Ratgeber für Angehörige von Alkoholikern*
(rororo sachbuch 19955)

Frank Naumann
Miteinander streiten *Die Kunst der fairen Auseinandersetzung*
(rororo sachbuch 19795)

Ann Weiser Cornell
Focusing – Der Stimme des Körpers folgen *Anleitungen und Übungen zur Selbsterfahrung*
(rororo sachbuch 60353)

Weitere Informationen in der **Rowohlt Revue**, kostenlos im Buchhandel, oder im **Internet: www.rororo.de**